AF451618

Le Moyen-Age
PITTORESQUE.

MONUMENS ET FRAGMENS

D'ARCHITECTURE,

MEUBLES, ARMES, ARMURES ET OBJETS DE CURIOSITÉ

DU X° AU XVII° SIÈCLE.

DESSINÉ D'APRÈS NATURE

PAR CHAPUY, ETC.,

Et Lithographié

Par MM. ARNOUT, ASSELINEAU, BAYOT, BACHELIER, BOYS, CHAPUY, CUVILLIER, DANJOY, DEROY, DURAND, GIRAULT DE PRANGEY, HERSON, JACOTET, LÉON DE LABORDE, MENUT, MONTHELIER, L. NOEL, ROUARGUE, le Cte TURPIN DE CRISSÉ, TIRPENNE, VILLEMIN, etc.

Avec un Texte archéologique, descriptif et historique,

PAR M. MORET,

Avocat à la Cour Royale de Paris.

PARIS,

Publié par VEITH et HAUSER, 11, Boulevard des Italiens.

1840.

PARIS, IMPRIMERIE DE PAUL DUPONT,
Rue de Grenelle-St-Honoré, 55.

DÔME DE CÔME.

Sortons de Milan et montons dans le *Veloce*, titre, un peu ambitieux, de l'espèce de diligence-omnibus qui part de la capitale de la Lombardie, et conduit aux principales cités des environs et aux ports des beaux lacs de Côme, de Lugano, de Garda, et d'où le bateau à vapeur, *il vapore*, aux flancs enflammés, transporte rapidement les voyageurs sur des rivages admirables de beauté naturelle et riches de souvenirs historiques.

Côme, située à cinq ou six lieues de Milan, s'étend en demi-cercle sur les bords du lac, et semble, pour mieux l'étreindre et laver plus long-temps ses murailles antiques dans ses flots amis, prolonger à plaisir, à droite et à gauche, ses deux faubourgs de *San-Agostino* et de *Borgo-vico*. La ville est dominée par une montagne conique, couronnée par les ruines d'un vieux château féodal, d'où s'élève, comme une dernière menace, la tour de *Baradello*, dans laquelle, en 1277, Napoléon de la Torre et cinq de ses parens furent enfermés dans une cage de fer où ils moururent exposés, dit une chronique, à l'intempérie des saisons.

Côme a été fondée, dit-on, par les Pélasges, et ses savans donnent, comme preuve de cette origine grecque, les noms harmonieux des localités voisines, Lenno, Nesso, Lecco, Colonia, Coresmo, qui rappellent et reproduisent les noms célèbres dans la Hellade de Lemnos, Naxos, Leucade, Colonne et Corinthe.

Côme, habitée successivement par les Étrusques, les Gaulois, les Goths, etc., est placée aujourd'hui, avec la Haute-Italie, sous le gouvernement de l'Autriche. Cette ville était plus considérable autrefois, surtout alors que l'empereur Frédéric Barberousse ordonna la construction des murailles qui l'enveloppent encore et la protégèrent souvent dans les guerres politiques et civiles qui désolèrent l'Italie au moyen âge. La population est réduite à 15,000 habitans; mais elle tend à s'accroître, et l'intérieur de la ville s'embellit chaque jour. C'était chose nécessaire, il faut le reconnaître; car les rues, en général, sont étroites, sombres et tortueuses.

La cathédrale ou le *duomo*, mot synonyme en Italie, comme on sait, est un édifice important qui domine l'ensemble de la cité. Cette église, entièrement construite en marbre, fut commencée en 1396 et ne fut achevée que dans le xviiie siècle. C'est dire assez qu'elle est composée de styles différens. En effet, la façade est gothique; mais le dôme et une partie de l'église sont du classique moderne, car c'est ainsi qu'il faut entendre le mot de *renaissance* employé par M. Valery.

La façade, vaste page d'architecture, est imposante et présente un caractère particulier que je dois faire observer à mes lecteurs. Le gothique, en général, prodigue les ornemens, même sur les faces lisses des murailles, et frappe par une masse richement sculptée. Dans la façade de Côme, au contraire, les portes, la rose et les *squares* des clochers sont travaillés avec abondance, tandis que les intervalles sont presque nus, sauf quelques niches

25

très-espacées. Cependant l'ensemble, grâce à l'encadrement des deux clochers latéraux et des doubles cordons qui obliquent sur les frontons, est majestueux et saisissant.

Les statues qui décorent cette façade et qui sont placées sous un dais gothique représentent, dit-on, les deux Pline, nés à Côme, qui a donné aussi le jour à Benoit et Paul Giovio (Jove), à plusieurs papes et à *Volta*. On s'occupe en ce moment d'ériger un monument en marbre à ce physicien célèbre. Cet ouvrage est confié à l'habile ciseau de *Marchesi*.

Dans l'intérieur du monument, on remarque le baptistère que l'on attribue à *Bramante* et quelques tableaux de Ferrari et de Luini. On y voit dans la nef et les chapelles divers *ex-voti* dont l'aspect étrange provoque le sourire. Ainsi une robe est appendue à une châsse dorée, parce qu'une jeune fille fut sauvée par son étoffe des cornes d'un taureau furieux; plus loin, une vieille perruque est attachée à l'autel de saint *Abbondio*, en commémoration de la chute d'un homme dont cette enveloppe chevelue a conservé le crâne, etc.

Les autres édifices intéressans de Côme sont les églises du Crucifix, dont huit colonnes de marbre d'une grande dimension soutiennent la coupole, et dont l'orgue est renommé; de *San-Fedele* et de Saint-Abbondio, d'une antiquité reculée; le lycée, sa bibliothèque et la statue de saint Isidore, par le Bersim; le théâtre nouvellement bâti, et un élégant casino littéraire.

C'est à Côme, et autour des rivages du lac gracieux qui baigne ses murailles, que Manzoni a placé la scène de son roman. Tel est l'empire du talent que les touristes trouvent maintenant un double plaisir à parcourir ces sites agrestes. Ils invoquent tour à tour les souvenirs anciens et historiques, imprimés dans ces lieux par Pline, et les créations nouvelles que l'on doit à l'imagination de l'auteur italien. Les uns se préoccupent de la *Pliniana*, de sa fontaine à flux et reflux périodique, et fixent sur les bords du lac l'emplacement des deux maisons de campagne, la *Tragœdia* et la *Comœdia*, du naturaliste latin; d'autres admirent les costumes singuliers des habitans; ils s'émerveillent de voir les jeunes filles habillées d'une robe de capucin, capuchon compris; à Gravedonna, enfin, ils cherchent et trouvent souvent sous d'autres ajustemens plus coquets les traits gracieux de *Lucie* à la chevelure relevée et traversée par des aiguilles d'argent, et ils comprennent et partagent les sentimens de son heureux *fiancé!*

CAMPO SANTO,

A PISE.

N° 110.

Située dans la Toscane, sur l'Arno, à vingt lieues de Florence et douze lieues de la mer, Pise est une ville très-ancienne. C'était une des douze cités des Étrusques.

Strabon dit qu'elle fut fondée par des Arcadiens sortis de Pise, sur l'Alphée, dans le Péloponèse, après la guerre de Troie. Cette opinion a été adoptée par Virgile:

> *Hos parere jubent Alpheæ ab origine Pisæ*
> *Urbs Hetrusca solo.*

D'autres pensent que long-temps avant cette époque, Pélops, fils de Tantale, roi de Phrygie, avait bâti les murs de Pise.

> *Ante diù quam trojugenas fortuna penates*
> *Laurentinorum regibus insereret ,*
> *Elide deductus suscepit Etruria Pisæ*
> *Nominis indicio testificato genus.*
>
> (Rutilius , *Itin.*, 1.)

C'est peut-être le nom identique de Pise qui a exercé l'imagination des poëtes et donné à la ville italienne une mère grecque un peu douteuse. Quoi qu'il en soit, Denys d'Halicarnasse et Tite-Live parlent en fort bons termes de la cité toscane, et ce sont des titres suffisans pour en faire une antique douairière.

Pise, après avoir partagé le sort de Rome dont elle était une colonie, fut libre à la chute de l'empire, et devint une république maritime puissante dans le xie siècle. Ses guerriers s'emparèrent de la Sardaigne et de la Corse, de Majorque, de Carthage en Afrique, de Palerme en Sicile, et se mêlèrent à toutes les expéditions maritimes des croisades; soutinrent Frédéric Barberousse contre le saint-siége; Amaury, roi de Jérusalem, contre les Sarrasins; eurent des comptoirs à Constantinople, à Ptolémaïs; enfin, partagèrent avec les Vénitiens et les Génois l'empire de la mer et le commerce du monde pendant le moyen âge.

Mais défaits par les Génois dans une grande bataille, en 1284, les Pisans virent successivement décroitre l'influence et l'éclat de leur république, et ils finirent par être asservis à Florence, en 1406, par la trahison de *Gamba Corta*, leur général.

Pise qui a compté jusqu'à 180,000 habitans, dans une enceinte de près de 2 lieues, n'en renferme pas 20,000 aujourd'hui. Son commerce est à Livourne, et la cité qui armait 250 galères dans le xiie siècle sillonne à peine les eaux désertes de l'Arno par 2 ou 3 mauvaises barques.

Le *Campo-Santo* ou cimetière est un monument formant un carré dont le plus long côté a 450 pieds, composé de galeries soutenues par soixante arcades à meneaux et lobes gothiques enserrés dans une courbe à plein cintre. Nous retrouvons cette singularité intéressante pour l'histoire de l'art dans l'église de *Santa-Spina*.

Les murs de ce portique, bâti en 1278 sur les dessins de Jean de Pise, sont couverts d'inscriptions funéraires, de fresques, tableaux et peintures des vieux maîtres de l'école italienne; parmi ces dernières, on remarque le triomphe de la mort d'Orgagna, célèbre dans la péninsule autant que la danse des morts d'Holbein en Allemagne. On admire parmi les sculptures un buste antique de Brutus et le magnifique mausolée en marbre de la comtesse Béatrice.

La terre de Campo-Santo a été apportée de Jérusalem par les galères de la république pendant la troisième croisade. Elle présente, dit-on, mais par une évidente exagération, une masse de 9 pieds de haut sur 10,000 pieds de base. Les chairs y étaient consumées en 24 heures; mais les sels sont épuisés en partie, et il faut aujourd'hui le double de ce temps. Ainsi, c'est une terre de néant qui forme le trophée de l'antique gloire de Pise, et cette terre elle-même est altérée!....

DÔME DE MILAN,

VUE PRISE DE *LA STRADA ORIENTALE*.

N° 111.

Les États autrichiens en Italie comptent deux capitales, toutes les deux riches en souvenirs, mais dont le destin présent est bien divers. Venise, l'ancienne reine de l'Adriatique, meurt dans une lente agonie, au milieu de ses lagunes veuves de vaisseaux, en face de Trieste sa jeune et vivace rivale. La ville de Milan, au contraire, est toujours puissante, la souveraine de la Lombardie, glorieuse du passé, brillante au présent et confiante dans les promesses de l'avenir. Cette belle cité semble oublier sous la domination paisible des étrangers son inquiète nationalité, et compenser la perte de son indépendance par le repos et le bonheur matériel.

Milan est une ville toute française de mœurs, d'aspect, d'habitudes. Cette remarque faite par Montaigne est devenue d'une évidence plus frappante encore depuis les événemens politiques et militaires récens. Monumens, habitans, améliorations administratives et sociales, tout y parle de notre pays, et le Français, au pied de la porte triomphale du Simplon, peut encore se croire à Paris devant l'arc du Carrousel. Ces deux monumens, d'ailleurs, ont une singulière conformité ; élevés tous les deux pour et par Napoléon dont ils redisent la gloire, tous les deux sont déshérités de son effigie remplacée par la statue de la paix.

Milan, en latin *Mediolanum*, en italien *Milano*, a été fondée, selon l'opinion la plus probable, par les Gaulois Cénomans qui pénétrèrent en Italie, 584 ans avant Jésus-Christ, pendant le règne de Tarquin-l'Ancien, si toutefois Rome a eu des rois, ce qui est fort douteux aujourd'hui. Milan, devenue la principale ville de la Gaule Cisalpine, fut ensuite la résidence de plusieurs empereurs d'Occident. On connaît son histoire, sa ruine par les Barbares, son rétablissement, les combats entre les Guelphes et les Gibelins, nos rois et les Sforce, les Français et les Autrichiens, pour sa possession ; sanglans démêlés qui ont donné naissance au proverbe local *qu'il faudrait détruire Milan pour le bonheur de l'Italie.*

L'enceinte de la ville, qui est ronde, est d'environ trois lieues ; son diamètre de 1,600 toises et sa population de 140,000 habitans. Les remparts ont été détruits en grande partie et remplacés par des boulevards et des promenades, ainsi que les fortifications du château. Les portes sont généralement monumentales ; les rues sont étroites et tortueuses, sauf les exceptions des *corsi* ou larges voies carrossables ; les églises, au nombre de 230 avant les derniers événemens, sont encore très belles et nombreuses ; les édifices civils sont importans ; ce sont principalement le palais impérial, l'archevêché, le grand hôpital, le palais Brera Belgiojoso, le théâtre della Scala, les arènes autrefois le *foro Bonaparte,* seize colonnes antiques, restes du palais de Maximien Hercule, le lazaret, le *koppone* ou cimetière, et les bâtimens des communautés religieuses, transformés en casernes. Trois canaux, œuvre de l'industrie de l'homme au moyen âge, dans les siècles que nous nommons barbares, réunissent au Tésin et à l'Adda la capitale de la Lombardie à laquelle on peut encore appliquer les vers que lui avait consacrés le consul et poëte Ausonne :

> *................ mira omnia, copia rerum,*
> *Innumeræ cultæque domus, faounda virorum*
> *Ingenia.........*

Le *duomo* ou cathédrale est le monument suprême de Milan, sa personnification, pour ainsi dire, comme Saint-Pierre pour Rome et le Munster pour Strasbourg. La ville est située au milieu d'une vaste et fertile plaine, et, de quelque côté que l'on y arrive, on a toujours devant les yeux la pyramide centrale de l'édifice. Elle s'élève seule au milieu de la ceinture de verdure formée par les boulevards, les chemins, les canaux, les vergers bordés d'arbres, et porte dans les airs la statue dorée de la Vierge, supportée par un long piédestal à jour et en marbre blanc. Cet aspect est magique à tous les instans du jour et de tous les points de l'horizon.

La cathédrale fut commencée le 15 mars 1386 par le duc Galéas Visconti, qui entreprit ce grand ouvrage pour accomplir un vœu, comme Philippe II l'Escurial, et Jean, roi de Portugal, le monastère de Batalla. L'édifice est en croix latine avec un dôme au centre. L'ensemble est gothique; mais la façade a été construite dans le style gréco-romain, sous saint Charles Borromée, dont le bon goût n'égalait pas la piété sans doute. Heureusement qu'en 1646 l'architecte Buzzi détruisit en partie cette page disparate et raccorda le tout avec l'église par un encadrement ogival. Cependant on a eu le tort de conserver les cinq portes et cinq fenêtres classiques dont l'effet, malgré leur beauté intrinsèque, est vraiment détestable. Bien que Napoléon ait consacré cinq millions à cette façade, elle n'est pas terminée, et les deux clochers pyramidaux projetés sont encore dans les cartons où je les ai vus avec un grand intérêt.

L'église entière est en marbre blanc et a consommé pour son érection plusieurs générations d'architectes, de peintres, de statuaires, d'ouvriers, et les précieux filons de plusieurs carrières.

On jugera de son immensité par le tableau de ses principales dimensions.

	m.
Largeur des cinq nefs réunies	57,4114.
———— de la grande nef	19,1371.
Hauteur intérieure de la grande nef.	46,8017.
Hauteur des nefs moyennes.	30,6392.
Hauteur intérieure, du pavé jusqu'au haut du dôme.	73,3755.
Hauteur extérieure de la grande aiguille au dessus de la lanterne.	29,1519.
Hauteur de la statue de la Vierge, en cuivre doré	4,1646.
Hauteur totale, du pavé jusqu'à la statue de la Vierge comprise.	106,6719.
Largeur intérieure de l'église aux bras de la croix, chapelles comprises .	87,7531.
———— sans les chapelles.	76,6476.
Longueur totale intérieure, de la façade à l'extrémité du chevet.	148,1392.

Cette admirable cathédrale est inférieure en dimensions à la seule basilique du Vatican. Elle égale en longueur et surpasse en largeur la cathédrale de Florence et celle de Saint-Paul, ouvrages de sculpture; elle l'emporte de beaucoup sur tous les édifices civils ou religieux connus, musées compris. Elle renferme déjà 2,550 statues, et lorsqu'elle sera terminée elle en comptera 3,500!

Je dois reconnaître cependant un défaut à cette merveilleuse église; son style ogival est bâtard, et, malgré l'aspect imposant de l'ensemble, un œil même peu exercé est frappé de cette défectuosité. A Milan comme à Orléans, devant l'imposante façade, ouvrage de l'architecte Gabriel, les artistes remarqueront pourtant la coupe et l'élévation du dôme central, l'œuvre gothique la plus vaste de cette espèce, la grâce des accolades obliques à jour, et la hardiesse des aiguilles qui le hérissent.

La grande aiguille centrale a été élevée de 1765 à 1774. Nombre de mathématiciens et de savans déclaraient qu'il était impossible de la construire ou qu'elle écraserait l'église. L'architecte répondit comme le philosophe devant qui on niait le mouvement et qui marcha. Plus heureux que notre Soufflot, dans son Panthéon, il n'a pas vu emporter les piliers de son dôme restés légers et solides.

Nous aurons occasion, à propos d'une autre vue du dôme, de revenir sur notre description et de la compléter. Nous parlerons encore avec bonheur de cet édifice immense, de cet univers religieux, placé entre le tombeau de saint Charles Borromée, dans la crypte, et la croix, pour ainsi dire, signe de notre rédemption qui s'élève dans les airs et semble placer aux deux extrémités du temple le péché de l'homme et son rachat, la mort et l'immortalité.

SAINT-AMBROISE,

A MILAN.

N° 112.

Milan renferme encore 71 églises distribuées sur 24 paroisses, sans compter un grand nombre de chapelles appartenant à de grands établissemens publics.

Les églises de la Passion, de Sainte-Marie-des-Grâces, Saint-Laurent et Saint-Alexandre, toutes surmontées de dômes circulaires ou octogones, sont très-remarquables; les églises de Sainte-Marie près Saint-Celse, Saint-Nazaire, Saint-Eustorge, Saint-Paul, Saint-Fidèle et Saint-Victor, méritent aussi d'arrêter les regards, par leur architecture, la richesse de leurs décorations, les chaires, tableaux ou mausolées dont elles sont ornées.

Saint-Ambroise (*S.-Ambrogio*), sur la place de ce nom et près la porte Vercellina (de Verceil), est une basilique ancienne, vénérée des Milanais qui font remonter sa fondation au ive siècle. Saint Ambroise célébra les saints mystères, défendit l'entrée du temple à Théodose, après le massacre de Thessalonique, et reposa sous ses voûtes respectées.

L'église est précédée d'un portique représenté dans la lithographie, véritable *pro-naos* emprunté par les artistes chrétiens aux Grecs, et bâti dans le ixe siècle. On y voit plusieurs inscriptions funéraires et des peintures du xiie siècle. L'édifice se compose de trois nefs, la 1re autrefois destinée aux moines, la 2e aux chanoines et la 3e à l'archevêque. Plusieurs conciles ont été tenus dans cette église, et l'on y plaçait sur le front des empereurs la couronne de fer du royaume d'Italie.

Saint-Ambroise est un vaste musée. On y remarque la chaire, sorte de tribune aux harangues de l'antiquité, les portes de bronze, la statue de saint Ambroise, invoqué dans un éloquent discours par André sur le point d'attaquer le tyran Galéas, le serpent d'airain placé sur une colonne romaine, et que l'on a tour à tour soutenu être le serpent de Moïse et celui d'Esculape ; un tombeau attribué par quelques auteurs au célèbre Stilicon et à *Serena* sa femme, la sépulture de l'empereur Louis II et de l'archevêque milanais Auspert, son contemporain ; la mosaïque du chœur, représentant le Sauveur sur un trône d'or brillant de pierreries, ouvrage d'artistes bysantins ; et enfin, dans les nefs et les chapelles Saint-Ambroise, Saint-Victor et Saint-Barthelemy, des tableaux et des statues estimés.

C'est dans cette basilique vénérable que l'on a conservé le rite ambroisien qui garde encore plusieurs usages de la primitive Église et diffère du rite romain par le chant plus simple que le plain-chant grégorien, le baptême par immersion, l'ordre de la messe, le temps du carême, et par quelques variantes de liturgie.

On connaît la célèbre bibliothèque Ambroisienne ; des N couronnés, encore gravés sur la couverture des manuscrits et des livres les plus rares, prouvent que la victoire avait conduit ces ouvrages à Paris d'où les a ramenés le général Hyves.

Les deux tours en brique de la façade intérieure de l'église sont inachevées. Elles sont percées d'une grande quantité de trous carrés qui servent de retraite à de nombreux habitans ailés.

ÉGLISE DE SAINT-FRANÇOIS,

A ASSISES.

N° 113.

Assises est une petite ville des états du Saint-Père, qui doit, comme Lorette, son existence et sa célébrité à sa religion et aux établissemens ecclésiastiques. Lorette possède la *Santa-Casa* ou maison habitée par la Vierge ; Assises, la maison de saint François et l'écurie où il est né, comme notre Sauveur à Bethléem ; Lorette renferme, comme Assises, vingt églises, y compris les couvens, et une population de 4 à 5 mille habitans seulement ; Lorette, comme Assises encore, est entourée de remparts et fortifiée par des tours à créneaux ; Lorette enfin, comme Assises, reçoit chaque année des pèlerins fervens dont le nombre s'élevait autrefois à plus de cent mille dans chacune des deux cités sacrées, et couronne circulairement le sommet d'une colline, ainsi que l'a remarqué le Dante si exact dans ses descriptions :

Fertile costa d'alto monte pende.

Assises est fameuse par l'établissement d'un ordre religieux mendiant, appelé Franciscain, au nom de son fondateur né en 1182. Cet ordre, dix ans seulement après sa création, envoya plus de cinq mille religieux au 1er chapitre général tenu à Rouen en 1219, sans compter ceux qui étaient restés dans les maisons conventuelles. L'ordre de Saint-François, le premier des ordres mendians, s'est divisé sous plusieurs dénominations et a subi de nombreuses réformes successives, sous le titre de franciscains, observantins, cordeliers, frères-mineurs, capucins, etc. Le général des frères en Espagne avait 3,000 couvens sous ses ordres, c'était presque une armée ecclésiastique.

L'église reproduite dans notre lithographie est celle du couvent patriarcal, chef-lieu de l'ordre, où reposent les restes du saint ; c'est le *sagro convento* par excellence ; du moins, c'est ainsi qu'il est nommé. Cet édifice fut bâti dans le XIIIe siècle par Élie, second général de l'ordre, d'après les dessins de Arnolfo Lapo, père du célèbre Arnolfo, Florentin, qui en jeta les fondemens deux ans après la mort du chef de l'ordre. La maison est construite sur l'emplacement de l'ancien gibet au pied duquel saint François voulut être enterré par esprit d'humilité.

Le couvent est un vaste édifice élevé sur des terrasses et d'immenses substructions. L'église, qui avait reçu du Saint-Père le titre de basilique patriarcale et de chapelle papale, est composée de trois vaisseaux superposés. La crypte destinée à des sépulcres reste fermée ; la seconde église dont on voit l'entrée latérale sous un campanile surbaissé est consacrée à la célébration des offices divins ; et la troisième, qui est la plus haute, appartient plus particulièrement aux religieux qui habitaient le couvent au nombre de plus de quatre-vingts.

On a déposé dans la nef inférieure, qui est sombre et triste, plusieurs tombeaux, entre autres le mausolée d'Hécube de Lusignan, reine de Chypre, dont le nom inconnu rappelle deux guerres fameuses dans l'histoire, celles de Troie et des croisades. Ce monument est de 1240. La statue d'Hécube, selon la remarque de l'exact et judicieux M. Valéry, est assise et l'une de ses jambes est croisée sur l'autre d'une façon assez étrange et qui scandalise les voyageurs. L'énorme lion rugissant, sculpté près d'elle, en paraît horriblement choqué. Près de là sont les tombeaux des frères *Brasca,* ducs de Spolète. Le tableau de saint Martin est de Memmi, l'ami de Pétrarque et le peintre de Laure. Les principales vertus de saint François sont représentées par *Giotto* et surpassent de beaucoup les œuvres de son maître Cimabué, qui décorent l'autre nef.

L'église supérieure est éclatante de lumières, de marbre et de dorures. Elle contient dans un mausolée de stuc, environné d'une grille légère, le corps de saint François retiré de la crypte, en 1818, et dont le tombeau moderne est *trop joli,* pour employer l'heureuse expression d'une spirituelle touriste. C'est une double disparate et vis-à-vis de ce temple et à l'égard de saint François dont la vie et l'œuvre méritent d'être étudiées sans prévention. En se plaçant au commencement du XIIIe siècle, on admirera la puissante création des ordres mendians, œuvre politique et religieuse qui rattachait au clergé tout le bas peuple et en faisait la large base de tout l'édifice ecclésiastique !

Les deux cloîtres du couvent et le réfectoire sont très-beaux et ornés de peintures des premiers grands maîtres de l'Italie.

L'église de *Santa-Maria di Minerva* était un temple dédié à Minerve comme son nom l'indique. La façade est composée de six colonnes antiques cannelées, d'ordre corinthien et du style le plus pur. Tout le reste de l'édifice est moderne. L'église de Sainte-Claire conserve le corps de la première abbesse des *Clarisses*. Les églises de Saint-Rufin, de Saint-Antonio et la cathédrale méritent aussi la visite du voyageur, ainsi que des restes d'aqueduc, de bains antiques, et des palais modernes.

En descendant d'Assises on entre dans la *Madonna degli Angeli*, vaste église bâtie à l'endroit où mourut saint François, et l'on quitte la petite ville, patrie de ce saint, de Properce et de Métastase, c'est-à-dire de l'amour divin et de l'amour terrestre.

VERRERIES VÉNITIENNES ET FLAMANDES

DE LA COLLECTION DE M. SAUVAGEOT.

N° 114.

INTÉRIEUR DE LA CATHÉDRALE,

A CORDOUE.

N° 115.

Se reporter au texte des N°^s 57 et 73 qui renferment la description de la ville et de la cathédrale de Cordoue.

LA TOUR PENCHÉE ET L'ABSIDE DE LA CATHÉDRALE,

A PISE.

N° 116.

Une même place réunit les quatre principaux monumens de Pise. Nous avons déjà parlé du Campo-Santo, il nous reste à entretenir brièvement nos lecteurs de la cathédrale, de la tour penchée et du baptistère.

La cathédrale, dédiée à l'assomption de la Vierge, est un bel édifice fondé en 1063 par les Pisans, en commémoration de leur victoire sur les Sarrasins, qu'ils chassèrent de Palerme. L'église, dont le célèbre *Buschetto* fut l'architecte, terminée en 1092, est en croix latine à cinq nefs et deux doubles bas-côtés, portés sur quatre rangs de colonnes de marbre ou de granit oriental. Le dôme, quoiqu'un peu surbaissé, produit un effet imposant. On admire dans le temple où l'empereur Henri VII est enterré trois belles portes de bronze, la mosaïque centrale, la chaire, des statues et des tableaux. Le baptistère et le campanile sont isolés comme dans plusieurs villes d'Italie. Le baptistère est un dôme gothique circulaire, d'environ 160 pieds de haut. C'est un des monumens les plus intéressans pour un archéologue par sa date, 1152, sa forme, son élévation et la réunion fort rare d'une coupole et d'ornemens à ogive mêlés intérieurement et extérieurement au plein cintre. La chaire est une des plus belles de toute la Péninsule. L'architecte du monument est Dioti Salvi.

La Tour penchée, *Torre pendente* ou *Torre torto,* commencée en 1174, sur les dessins de Guillaume d'Inspruck et Bonano de Pise, est curieuse et par son style et par son inclinaison. Le corps de l'édifice est un cylindre formé de sept rangs de colonnes sur lesquelles retombent des arcades à plein cintre. Un huitième rang en retraite soutient une terrasse garnie d'une balustrade, indigne de l'édifice. La hauteur des sept premiers étages est de 142 pieds, la hauteur totale est de 188 pieds. Ce clocher, comme les tours d'*Egli asinelli* et de *Garrisendi* à Bologne, s'écarte d'une manière effrayante de la perpendiculaire. M. de La Condamine a trouvé, en 1755, que le défaut d'aplomb était de 13 pieds. Beaucoup de gens ont supposé que les architectes, par une singularité du plus mauvais goût, avaient donné exprès cette inclinaison menaçante à leur monument. Mais l'illustre Soufflot a établi par des preuves matérielles évidentes l'affaissement du terrain, et a démontré rationnellement ainsi le problème si ridiculement résolu jusqu'à lui.

Pise où plusieurs conciles furent assemblés conserve encore plusieurs objets intéressans. On y remarque les églises des chevaliers ou Saint-Étienne, de Sainte-Catherine, Saint-Frédian, Saint-Sixte, Sainte-Marie *del Carmine,* Saint-Paul, Sainte-Marie *della Spina,* véritable diamant du premier gothique italien; les quais et les ponts sur l'Arno, la tour de la Faim où périrent Ugolin et ses fils, les palais ducal, Lanfranchi, Lanfreducci, etc., l'Université, la Bibliothèque et le Jardin botanique.

SAN GIOVANNI BATTISTA,

A TURIN.

N° 117.

Turin, capitale des états du roi de Sardaigne, aurait été fondé par des princes égyptiens, si l'on en croit d'honnêtes antiquaires du pays, et son nom (*Torino*) prouverait évidemment que le bœuf Apis avait présidé à son origine. Aussi la tour de l'horloge, haute de 171 pieds et que nous avons abattue pendant notre domination, parce qu'elle faisait saillie au milieu de la belle rue *Dora-Grossa,* portait-elle un taureau de bronze pour amortir sa coupole et attester son origine.

Il est beaucoup moins poétique et beaucoup plus vrai que Turin, chef-lieu des *Taurinorum,* et déjà ville ancienne des Liguriens, fut assiégé et pris par Annibal, 219 ans avant Jésus-Christ, au commencement de la seconde guerre punique. Le général carthaginois joignit alors à son armée un grand nombre d'Insubriens et de Gaulois, puis se précipitant sur l'Italie, comme un torrent, il gagna successivement ces terribles batailles qui couvrirent Rome de larmes et de sang. L'histoire intermédiaire de Turin ressemble à celle de toutes les villes de la Péninsule et nous conduit jusqu'à sa prise, en 1640, par nos armées, au siége désastreux de 1706 et à l'occupation de cette cité sous Napoléon, où son beau-frère, le prince Borghèse, résida comme gouverneur général.

Turin était une ville très-forte, entourée de quinze bastions et défendue par une citadelle qui seule a été conservée. La ville gagne chaque jour en étendue et en population. Elle a environ une lieue et demie de tour et 120,000 habitans.

Du reste, Turin est compassé, froid et triste. Ses rues sont larges et droites, ses maisons propres et régulières, ses places vastes et multipliées, ses édifices publics riches et nombreux ; cependant je ne puis m'empêcher de lui dire avec le poète :

Que de beautés vous me faites haïr !

et j'ai la conviction que je ne serai démenti par aucun voyageur.

La cathédrale dédiée à saint Jean-Baptiste fut fondée en 602 par Agilulf, roi des Lombards, et Théodelinde sa femme ; l'église était en complète décadence lorsque le cardinal de La Rovère, évêque de Turin, la fit rebâtir en 1498. C'est un édifice mesquin et sans aucun droit au titre dont il est honoré. On y admire quelques statues de marbre et des tableaux. Le clocher, monument en briques, si ma mémoire est fidèle, est inachevé et ne contribue en rien à varier l'aspect uniforme de la ville privée de monumens élevés. Le dôme que l'on aperçoit derrière celui de Saint-Jean-Baptiste est celui du Saint-Suaire, construit par *Guarini,* architecte hardi, mais d'un goût original et bizarre, bien inférieur, selon moi, à son rival *Juvara,* auteur de *La Superga* et de plusieurs édifices religieux de Turin.

Les autres églises remarquables sont celles de Saint-Philippe de Néri, de Sainte-Thérèse, de Sainte-Marie-des-Carmes, du *Corpus-Domini,* de Saint-Borromée, de Saint-Dalmazio, de Sainte-Christine, ornée d'un noble portrait de *Juvara,* et enfin l'église consacrée à la Vierge, érigée au-delà du pont par les décurions, pour célébrer le retour de Victor-Emmanuel, lourde et disgracieuse imitation du Panthéon romain.

On remarque encore à Turin le palais du roi, celui de *Madame,* au milieu d'une place, flanqué de quatre tours et cependant orné d'une façade, pastiche du Louvre, le palais de Carignan, d'un style bizarre, le Théâtre, la Bibliothèque et les Musées, la Citadelle, la fameuse *Contrada di Po* qui a le défaut de couper diagonalement les angles droits des autres rues de la ville, de vastes places dont trois ont été tracées depuis la destruction des remparts; enfin, le beau pont du Pô, dû au travail de nos ingénieurs, et celui de la Doire.

Avant de quitter Turin j'ai fait une ascension à l'église des Capucins qui domine la ville, le fleuve, le Piémont entouré à moitié par les cimes neigeuses des Alpes, et qui se relie de l'autre aux immenses plaines de la Lombardie. On aperçoit au couchant le col de Tende, qui conduit à la Ligurie attachée au royaume sarde en 1815.

FAÇADE SAINT-LAURENT,

A GÊNES.

Nº 118.

J'ai déjà donné la description générale de la ville de Gênes dans le Nº 43, seconde partie; j'y renvoie mes lecteurs. Il ne me reste qu'à les entretenir quelques instans de Saint-Laurent, cathédrale de la cité devenue sarde depuis 1814. Cette église fut consacrée dès l'année 260, dit l'ouvrage intitulé *Saggi Cronologici*, et bâtie à l'endroit même où le saint avait logé en venant d'Espagne pour aller à Rome.

Saint-Laurent, troisième cathédrale de Gênes, dans l'ordre des temps, et une des belles basiliques d'Italie, est en marbre et composée d'assises noires et blanches alternativement. Cette bigarrure n'est pas le symbole de la réconciliation des *Neri* et des *Bianchi,* comme on le pense, puisqu'on ne la trouve pas seulement en Toscane; mais je crois que c'est simplement un mode d'ornementation, une espèce de mosaïque extérieure.

Le style de Saint-Laurent est d'un bon gothique, avantage plus rare au-delà des Alpes qu'on ne le suppose communément. La façade est percée de trois portes d'une grande dimension et d'un aspect imposant. Au-dessus de l'entrée du milieu s'arrondit une vaste rose couronnée d'un fronton. Des deux tours commencées, celle de droite est seule terminée, et encore son campanile est-il d'une architecture disparate. Il faudrait une faible dépense pour achever ce monument; nous le souhaitons sans l'espérer; car, en Italie même, aujourd'hui on ne finit rien non plus qu'en France. Galéas Alessi a restauré avec goût cette cathédrale; on lui doit la reconstruction du chœur, l'hémicycle et la coupole.

On remarque dans cette église les fresques de la voûte du chœur, le martyre de saint Laurent, la riche chapelle de Saint-Jean-Baptiste, et six statues de *Civitati,* la Vierge et le saint précurseur de *Sansovino,* enfin l'autel dont le goût égale la richesse.

Le *Sacro-Catino,* dont j'ai déjà parlé, a été réintégré dans la sacristie. S'il a cessé d'être l'objet d'un culte religieux, il est demeuré, à juste titre, comme trophée de la gloire nationale.

PIEDS-DROITS DES PORTES DES ÉGLISES

SAINT-GILLES ET SAINT-DENIS.

N° 119.

Voir ci-après le N° 125 qui renferme la description générale de Saint-Gilles.

MEUBLE DE LA COLLECTION DU MUSÉE DU LOUVRE.

N° 120.

INTÉRIEUR DE L'ÉGLISE DE CAUDEBEC,

NORMANDIE.

N° 121.

Caudebec est une petite ville chère aux amis du beau sexe et aux modistes de Paris; c'est la capitale de ce gracieux pays habité par les Cauchoises si célèbres par la noblesse de leurs traits, la majesté un peu outre-cuidante de leurs bonnets et l'élégance de leur taille. La petite ville s'occupait aussi des chefs de leurs maris et de leurs frères; le commerce n'a pas oublié les *caudebecs* dont le tissu était si moelleux et si solide tout à la fois. Mais, hélas! les chapeaux ont passé; les bonnets du moins sont restés.

Assise sur les bords de la Seine, garnie de quais plantés d'arbres et entourée de montagnes en demi-cercle couronnées de maisons, de terrasses et de jardins pittoresquement étagés, la petite ville de Caudebec, peuplée seulement de 2,713 habitans, est un des sites les plus aimables de la Normandie, si abondante en paysages et en monumens.

Caudebec avait un port dès l'année 853; une charte de Charles-le-Chauve constate ce fait: en 1047, suivant un chroniqueur, Guillaume-le-Conquérant

> Semblant fit d'aller à Roen (*sic*),
> Quant il vint à Pont-au-de-mer,
> A Caudebec alla passer,

Ce prince mentionna Caudebec et son église dans une charte de 1074, datée de Lillebonne.

Cette ville devint très forte depuis; elle était entourée de murailles, tours et fossés transformés aujourd'hui en jardins. Elle fut prise en 1419 par Talbot et Warwick, après six mois de tranchée ouverte, et par le duc de Parme qui fit alors cette retraite fameuse, à qui son royal ennemi rendit un hommage glorieux pour les deux adversaires.

L'église paroissiale fut commencée en 1416 et terminée dans le cours du xv⁰ siècle. Voici l'épitaphe de Letellier, son architecte, qui est enterré dans la chapelle de la Vierge.

« EN DEUÀT GIT GUILLÀE LE TELIER, NATIF DE FÒTAINES LE PIN PRÈS FALLAIZE, EN SÒ VIVÀT MAITRE MACÒ « DE CETTE ÉGLISSE DE CAUDEBEC, QUI PAR L'ESPACE AU PLUS EN A EU LA CONDUITE, PENDENT LEQUEL TEMPS « A ACHEVÉ L'OO (1) ET COUPELLES AVEC LE HAUT DE LA NEF D'ICELLE ÉGLISSE, PLᵉ A FÒDÉ ET ESLEVÉ TANT « LE COEUR ET CHAPELLES ENTOR YCELLE ET LEVÉ JUSQZAUX PREMIÈRES ALLÉES AVEC LA CLEF PENDENTE DE « CETTE PSÈTE CHAPELLE, ET TRESPASSA LE PREMIER SEPTEMBRE L'AN MIL IIIIC QUATRE VINGTS ET QUATRE, « OU DELAISSA SEPT SOLZ SIX DENIERS DE RENTE A CETTE PRESÈTE ÉGLISSE. PRIEZ DIEU POUR SON AME. AMEN. »

L'église est du 3⁰ ogival, et les sculptures qui la décorent sont de la plus exquise ténuité. On admire avec raison le grand portail, les vitraux auxquels Dibdin a rendu hautement justice, la chapelle de la Vierge et son pendentif hardi jusqu'à la témérité, le clocher avec une pyramide entourée jusqu'à la cime de guirlandes de roses en pierre, et divisée en trois parties par une tiare ou triple couronne, enfin la légèreté de l'aiguille en ardoise qui s'élance de l'extrados de la voûte principale. On remarque aussi la galerie qui règne tout au dehors de la nef, et qui est formée des lettres en pierre de 3 pieds de haut, du *Salve, regina*, du *Magnificat*, etc.

L'édifice qui n'a pas de croix ou de transepts est entouré de chapelles surmontées et divisées par des pinacles et clochetons dont la grâce égale la légèreté. Rendons justice sans réserve critique à ce charmant bijou ogival, et répétons avec Henri IV son exclamation historique sur notre église : « C'est ici la plus belle chapelle que j'aie encore vue! »

CATHÉDRALE D'AMIENS,

FAÇADE.

N° 122.

L'origine d'Amiens est cachée dans la nuit des temps. Cette ville était connue sous le nom de *Samobriva*, lorsque César y tint l'assemblée des Gaules et y plaça trois légions en garnison. Elle devint sous les empereurs d'Occident la cité la plus importante de la seconde Belgique. Mérovée y fut couronné, les Normands la brûlèrent trois fois, les rois de France

---

(1) L'ouverture circulaire laissée à la voûte pour monter les cloches.

et les ducs de Bourgogne s'en disputèrent la possession; enfin elle fut prise et reprise successivement jusqu'à Henri IV, qui réduisit, après un long siége, les troupes espagnoles qui s'en étaient emparées grâce au sac de noix de l'habile et vaillant *Hernand Tello.*

Les remparts d'Amiens sont abattus, ses fossés comblés, et cette ville, entourée d'une vaste ceinture de boulevards de 2,500 toises de tour, est devenue, sans contredit, une des plus belles de France. Ses murs sont baignés par la Somme et le canal qui porte son nom ; des fabriques nombreuses y élèvent leurs cheminées gigantesques; que le chemin de fer y amène des voitures et des wagons avec ses ailes de feu, et Amiens atteindra une grande prospérité. La population y croît rapidement. En 1806 on y comptait 150 rues, 7,134 maisons et 39,000 ames. On y trouve aujourd'hui plus de 220 rues ou impasses, 8,500 maisons et 46,129 habitans.

Ses principaux monumens sont : les églises Saint-Germain, Saint-Loup et l'église supprimée de Saint-Remi, que l'on devrait bien rétablir, l'Hôtel-de-Ville, le Château-d'eau, le Beffroi, le Théâtre, la Bibliothèque et le Grand-Séminaire. L'ancienne église des Cordeliers, aujourd'hui paroisse, renferme, outre une statue de la Vierge donnée par le grand Condé, un magnifique tombeau en marbre noir, blanc et jaspé, du connétable de Lannoy et de Jeanne Muturel sa femme. On lisait aussi avec quelque surprise, à l'entrée de la nef, cette burlesque épitaphe aujourd'hui effacée, et que nous rapportons à cause de sa singularité.

CI-GIST ENTRE CES DEUX PILIERS
LE FRANC QUÊTEUR DES CORDÉLIERS,
QUI, COR BIEN QU'IL SOIT TRÈS PASSÉ,
NE CESSE DE ROMPRE LA TESTE
AUX PASSANTS EN FAISANT QUÊTE
D'UN *REQUIESCAT IN PACE!*

La Hautoy et les boulevards forment d'agréables promenades; mais les onze bras de la Somme qui traversent la ville et qui lui méritèrent l'honneur d'être appelée par Louis XI *sa petite Venise,* n'ont pas de quais, et les places sont sans beauté architecturale.

Le monument d'Amiens par excellence, c'est la cathédrale, admirable ouvrage où le moyen âge apparaît tout entier, avec sa foi qui remuait les montagnes, son génie qui les taillait en édifices majestueux, sa constance à bâtir qui consommait plusieurs générations ; enfin, cette puissante alliance de la religion et des arts qui enfantait aussi des chefs-d'œuvre,

« *Dont* la masse indestructible a fatigué le temps! »

Il faudrait un volume entier pour décrire cette célèbre basilique, et nous n'avons que l'espace de quelques lignes. Je renvoie donc mes lecteurs à l'ouvrage spécial de l'exact et modeste M. Gilbert, et je me borne à quelques notes rapides.

L'église Notre-Dame est située sur le penchant d'une colline dont les pieds sont baignés par la rivière d'Avres; aussi les deux tiers de l'édifice sont-ils assis sur pilotis. Trois cathédrales occupèrent successivement cet emplacement, et furent détruites par les Barbares ou incendiées par la foudre. Évrard de Fouilloy, 45ᵉ évêque, résolut de faire sortir des cendres brûlantes un édifice plus glorieux encore que ceux qui l'avaient précédé.

Une inscription, que je ne transcris pas à cause de sa longueur, nous apprend que l'église actuelle fut commencée en 1220, sous le règne de Philippe-Auguste, sur les plans de Robert de Luzarches, continuée par Thomas de Cormont, et achevée en 1288 par Renaut, son fils, tous les trois habiles architectes. Ainsi 68 années suffirent pour l'érection de cet immense monument, sauf le haut des tours, qui ne furent ajoutées qu'à la fin du xive siècle.

Façade. Elle est percée au rez-de-chaussée de trois portes en saillie avec les décorations ogivales habituelles. La porte du milieu, dite *du Sauveur,* parce que Jésus-Christ est représenté sur le trumeau, renferme dans son tympan le tableau du jugement dernier et la résurrection des morts au dessous du Père Éternel que des anges semblent supplier en faveur du genre humain. La porte de droite, dédiée à la mère de Dieu, représente la mort, la résurrection et l'assomption de la Vierge; celle de gauche, ou de saint Firmin, reproduit les principaux actes de la vie de ce patron du diocèse. Le reste de la façade se compose de deux galeries extérieures et à jour, dont la seconde encadre les statues colossales de 28 rois de France; au dessus s'ouvre la grande rose surmontée d'une petite galerie découpée, à demi-hauteur d'homme. Là se terminait primitivement le portail; en 1401, on a jugé convenable d'élever deux tours, mais elles sont inégales, et le moindre sentiment du beau et du parallélisme devrait bien les faire terminer aujourd'hui. Celle du Nord a 210 pieds de haut, tandis que celle du Midi n'a que 190 pieds. La largeur totale de cette belle façade, qui manque d'une place d'où l'œil puisse l'embrasser, est de 150 pieds.

Les portails latéraux sont fort imposans de masse et riches de détails et d'exécution.

Intérieur. On l'a dit avec raison, l'intérieur de cette basilique, par ses dimensions colossales, par l'élévation et le jet hardi de ses voûtes, la délicatesse de ses arcades et de ses verrières, la régularité, l'heureux accord de ses proportions et l'unité de son style, inspire un sentiment d'admiration qui pénètre l'ame d'un respect religieux. L'église est en croix latine comme tous les grands temples chrétiens; elle se compose d'une nef, d'un chœur, de transepts, et est accompagnée de bas-côtés spacieux disposés sur le même axe et bordés de chapelles qui descendent parallèlement à la nef et s'arrondissent autour du chœur.

L'église a 415 pieds de long, 98 de large dans œuvre, et 132 de haut sous clef de voûte. La croisée a 182 pieds de longueur et 44 pieds 4 pouces de largeur, ainsi que la nef. On remarque dans cet édifice l'orgue, l'horloge, la chaire, le pavé en marbre du chœur, la grille, les stalles, les boiseries, l'autel, les tableaux, des statues et un grand nombre de monumens funéraires d'évêques et de laïques célèbres, entre autres celui de Gresset : voici son épitaphe :

D. O. M.

ICI REPOSE LE CORPS DE

MESSIRE JEAN-BAPTISTE LOUIS GRESSET,

CH^{er} DE L'ORDRE DU ROI, HISTORIOGRAPHE,

DE L'ORDRE ROYAL ET MILITAIRE DE

St-LAZARE, L'UN DES QUARANTE DE L'ACADÉMIE

FRANÇAISE, HONORAIRE DE CELLES DE

BERLIN ET D'AMIENS, DÉCÉDÉ LE 16 JUIN 177...

AGÉ DE 69 ANS.

PRIEZ DIEU POUR LE REPOS DE SON AME.

Après avoir payé mon tribut de reconnaissance aux fondateurs de cette superbe basilique, d'hommages aux écrivains de talent qui reposent près d'eux, je cherchai avec empressement la tombe de *Hernand Tello e Porto-Carrero,* ce célèbre gouverneur espagnol qui, après avoir surpris Amiens, se défendit avec courage contre Henri IV, mourut d'un coup de mousquet avant la capitulation, et fut enterré dans la cathédrale. Ses troupes avaient placé son corps dans le chœur et avaient appendu, au dessus, un grand tableau noir avec une inscription injurieuse à la ville. Le *Béarnais* concilia tous ses devoirs en faisant enlever le tableau et déposer les restes du vaillant Espagnol dans un des bas-côtés.

Voici son épitaphe ainsi qu'elle est figurée sur la pierre incisée :

1597

H ✠ H

W

C'est la date de la mort du général, l'initiale de son nom, et l'indication qu'il servait dans les gardes wallonnes. Je saluai les restes du brave Espagnol et remerciai Henri IV d'avoir triomphé deux fois de son ennemi, d'abord par la victoire pendant sa vie, et ensuite par des honneurs rendus après sa mort.

COTÉ NORD-EST.

N° 123.

Je suis du nombre de ceux qui aiment mieux louer que blâmer, surtout à l'égard d'un monument, honneur de la France, et je répète cordialement avec le poète : *Ubi plurima nitent,* etc. Mais je dois remplir mon devoir de critique bien qu'avec répugnance.

Le clocher central en bois, revêtu de plomb, d'une hauteur de 201 pieds au dessus de l'extrados, et de 383 pieds au dessus du pavé, est une aiguille hardie jetée dans les airs en 1529, par un simple charpentier de Cottenchy, nommé Louis Cardon. Cependant on a remarqué avec raison que cette flèche ne sortait pas d'un *square,* comme sa devancière ou comme les clochers d'Évreux, de Rouen, etc., et qu'elle était trop maigre. En effet, sa base n'a que 72 pieds de circonférence ou 24 pieds de diamètre.

Outre le premier défaut que tout le monde connait, j'en indiquerai un deuxième que je n'ai vu écrit nulle part et que notre planche signale dans sa fidélité. C'est la forme des tours de la façade. Elles présentent un carré long, double de largeur sur la façade et trop étroit sur le côté, puisqu'il n'a que l'épaisseur d'une travée. Le vice provient de ce que les tours ont été ajoutées au plan originaire de l'habile Robert de Luzarches.

Mais, malgré ces deux défectuosités, reconnaissons que Notre-Dame est un édifice merveilleux, et joignons-nous à Huet, lorsqu'il écrit, dans un ouvrage récemment publié : *La basilique d'Amiens est aux autres temples gothiques ce que Saint-Pierre de Rome est aux temples modernes de premier ordre.*

COLONNES ET SUPPORTS

DE LA

CATHÉDRALE DE BOURGES.

N° 124.

Le style des spécimens que contient cette planche est évidemment byzantin, et cet échantillon pourrait induire facilement en erreur nos lecteurs sur le genre d'architecture de la cathédrale de Bourges, que j'aurai probablement l'occasion de décrire plus tard. Je me restreins à dire que le magnifique édifice est ogival et dans son ensemble et dans ses détails. Deux portes latérales seulement du plus pur et du plus riche byzantin font exception. Ces deux portes, absolument étrangères au style général, proviennent d'une église plus ancienne ou seraient le commencement de la nouvelle cathédrale dont on aurait changé ensuite le caractère. J'abandonne cette double explication à la sagacité des archéologues, en les invitant vivement à s'occuper de la solution de ce petit problème architectural et historique.

PORTAIL DE SAINT-GILLES.

N° 125.

Saint-Gilles-les-Boucheries est une ville du département du Gard, peuplée de 5,797 habitans, traversée par le canal de Beaucaire qui forme un port d'embarquement, et située au milieu d'une contrée abondante en vins estimés.

Cette petite cité, où l'on trouve de nombreux vestiges du séjour des Romains, se nommait jadis *Rhodes*, d'où les antiquaires de conclure inévitablement qu'elle était une colonie de Rhodiens ! Elle s'appela Saint-Gilles au v° siècle, du nom de *saint Ægidius*, fondateur d'une abbaye puissante et célèbre dans le Midi.

C'est l'église de cette abbaye qui est devenue la paroisse de la ville actuelle.

Cette admirable basilique a été commencée en avril 1116, ainsi que le constate une inscription, et continuée jusqu'aux premières années du xiiie siècle, époque de décadence pour les religieux de Saint-Gilles, lorsque les Croisés du Nord envahirent et dévastèrent le Languedoc sous les bannières du fougueux Simon de Montfort. Le premier étage seul de la façade et la crypte ont été terminés; le couronnement actuel, la tour misérable attachée à la gauche du fronton, la mesquine nef gothique accolée derrière les belles portes, noble vestibule d'un temple qui n'a pas été élevé, tous ces ouvrages sont des raccords disparates et douloureux pour l'ami des arts.

La lithographie de M. Chapuy me semble avoir restitué des colonnes renversées par les années, entre autres celles des stylobates qui accompagnent les lions de la porte principale. Ces lions eux-mêmes, caractères de force et emblèmes de l'Église militante, se retrouvent dans les grandes basiliques byzantines d'Italie: j'en ai remarqué plusieurs exemples en Toscane et à Vérone, notamment au portique de l'église si curieuse et si peu connue de Saint-Zénon. Les abbés, lorsqu'ils réunissaient la puissance temporelle au pouvoir religieux, rendaient la justice et consommaient les plus importans des actes à la porte de leur église; de là cette formule si habituelle dans certaines chartes : *Domino nostro abbate, sedente inter leones.*

La façade de Saint-Gilles est, suivant l'expression de M. Mérimée, le *nec plus ultra* de l'art byzantin. Un coup d'œil jeté sur notre dessin justifie cet éloge. La noblesse du portail élevé sur un grand nombre de marches, la prodigalité des sculptures et des bas-reliefs, la richesse des stylobates et de leurs bases, la multitude des rinceaux et des figures d'animaux, les effigies des douze Apôtres, les chapiteaux habilement traités, la sainte Cène et les actes de la Passion étendus sur la frise, la variété et le développement des reliefs représentant Dieu le Père sur la porte du milieu, le Christ en croix sur celle de droite et la Vierge sur celle de gauche; tout cet ensemble est magnifique, il faut l'avouer.

Je recommanderai de visiter la crypte. Elle présente deux singularités en architecture byzantine : 1° les voûtes sont en anse de panier, et 2° elles sont armées d'une arête vive, croisée carrément et garnie de dents de scie.

C'est dans le transept gauche que l'on voit ce fameux escalier en limaçon connu sous le nom de *Vis de Saint-Gilles.*

Après 93, on avait commencé à démolir l'église; un brave cordonnier, président du club local, demanda grace pour *la vis*, chef-d'œuvre des ouvriers en pierre, et conserva ainsi tout le monument. Les grandes sœurs de l'abbaye, l'*architecture* et la *sculpture* ont des graces à rendre à leur sœur converse, la *maçonnerie;* elles lui doivent leur salut.

CASQUE DE HENRI II,
ET BOUCLIER.

N° 126.

CATHÉDRALE DE REIMS.

Ville considérable de la Gaule Belgique, capitale d'une république honorée, ou mieux peut-être déshonorée, de l'alliance des Romains, envahisseurs du pays, Reims, appelée d'abord *Durocortorum*, tira depuis son nom des *Remi* ou *Remigi* qui l'avaient fondée. Les vainqueurs des Gaules ornèrent Reims de plusieurs beaux édifices pour cacher sa servitude; la porte de *Mars*, ancien arc de triomphe, et d'autres vestiges moins importans des constructions antiques, nous racontent encore aujourd'hui les splendeurs des temps reculés.

Reims embrassa le christianisme en 360, et saint Remi, son évêque, dont le nom me semble n'être pas étranger à celui de la Cité, baptisa, dans la première cathédrale, bâtie en 400, Clovis et presque tous les chefs de son armée, après la défaite des Allemands à Tolbiac. Personne n'ignore les énergiques paroles de l'apôtre au Roi, son catéchumène : *Courbe la tête, fier Sicambre ; adore ce que tu as brûlé, et brûle ce que tu as adoré!* Philippe-Auguste fut sacré à Reims en 1179 et presque tous ses successeurs, jusques et y compris Charles X, y reçurent l'onction religieuse.

La sainte ampoule était conservée dans l'église Saint-Remi, construite en 1041, et qui appartenait à une abbaye de Bénédictins. Cet édifice, long de 110 mètres, et dont la façade est flanquée de deux clochers symétriques en pierre recouverts d'une pyramide revêtue d'ardoises, renferme le mausolée de saint Remi. Le tombeau, de forme circulaire et dont le pourtour, percé d'arcades, abrite les statues des douze pairs de France et de l'évêque catéchisant le monarque des Francs, a 31 pieds de haut et 16 de diamètre.

A cent toises derrière Saint-Remi s'élevait Saint-Nicaise, ainsi nommé en l'honneur du plus ancien pasteur de la ville. C'était un admirable édifice dont la première pierre fut posée en 1229 par l'archevêque Henri de Braine. *Hugues Libergier* était l'architecte de cette merveilleuse basilique ornée de deux clochers hauts de 250 pieds, et dont l'église avait 300 pieds de long, 130 de large à la croisée et 95 sous clef de voûte. Ce temple fut détruit à la révolution. C'est le fameux Santerre, général de la garde nationale de Paris au 21 janvier 1793, qui l'acheta et la fit démolir. Le trône et l'autel devaient tomber ensemble sous le glaive et le marteau des mêmes ennemis!

La cathédrale, successivement détruite deux fois par un incendie, fut reconstruite par l'illustre architecte *Robert de Coucy*, qui commença son travail en 1212 et l'acheva dans le court espace de 30 années. Cette église, dédiée à *la Vierge*, a 438 pieds 8 pouces de longueur sur une largeur de 93 pieds, et de 150 pieds 4 pouces à la croisée. Les deux tours ont, disent tous les auteurs, 250 pieds de haut; mais je pense que cette élévation est exagérée.

On y monte par 480 degrés; le portail, si célèbre parmi les artistes, est formé de trois arcades à ogives surmontées d'un fronton aigu dont le champ est chargé de figures. La porte du milieu, revêtue, ainsi que ses voisines, de statues, de tabernacles en demi-cercle allongé et dont le tympan est percé d'une rose, a 85 pieds d'ouverture. Ce portail contient 53o figures et figurines. L'une des tours renferme un bourdon appelé Charlotte, donné par le cardinal de Lorraine en 1570, et pesant 23 mille livres. La toiture de l'église est en plomb, et sur la pointe de l'extrados, à l'abside, s'élève un clocher de 13 pieds de diamètre sur 51 de haut, soutenu par huit cariatides d'une taille gigantesque. L'ange posé au sommet de l'aiguille est en cuivre doré et a 6 pieds de haut.

On remarque dans la cathédrale les sculptures de la façade, l'élégance des roses, l'éclat des vitraux dont une partie est due à Nicolas Derhodé, en 1581, le labyrinthe, le cénotaphe de Jovin, Rémois, général dans les armées romaines, les orgues, les fonts baptismaux que l'on prétend assez légèrement avoir servi à Clovis, la chapelle de la Vierge et les douze tapisseries qui décorent les murs des nefs collatérales.

Les autres édifices de Reims sont l'Hôtel-de-Ville, la place royale ornée d'une statue de Louis XV, la salle de spectacle, la porte de Vesle, et divers hôtels historiques.

Cette ville, patrie de Colbert et de Pluche, est peuplée de 35,791 habitans, elle s'étend sur la rive droite de la Vesle, dans un vaste bassin planté de vignes estimées. Elle est en général bien bâtie, bien percée, et entourée de remparts agréablement plantés. Reims, privé d'eaux potables, doit à la générosité de M. l'abbé Godinot des travaux hydrauliques et un château d'eau, qui procurèrent, aux frais de cet homme respectable, les ondes salutaires qui coulent dans les dix-sept fontaines publiques. Reims depuis 80 ans jouit des bienfaits de ce philanthrope, et M. l'abbé Godinot attend encore une statue de la reconnaissance de ses concitoyens !

GALERIE DE LA COUR DE LOS MUÑECOS,

ALCAZAR DE SÉVILLE.

N° 128.

Les n°s 41, 44 et 67 renferment la description de Séville et de l'Alcazar. Si le lecteur désirait quelques autres détails sur l'architecture mauresque en Espagne, il pourrait recourir aux beaux ouvrages que vient de publier M. Girault de Prangey chez MM. Veith et Hauser. Je ferai seulement une observation sur le nom singulier de *Cour des Marionnettes* donné à cette portion de l'ancien palais des rois musulmans. Cette désignation est-elle due à des fêtes publiques données dans l'intérieur de l'Alcazar, ou, au contraire, est-elle le résultat de réflexions satiriques et philosophiques sur la variété des événemens humains et la mobilité courtisanesque des grands ? Que le lecteur en décide, je souscris d'avance à son arrêt.

FRAGMENT MAURESQUE

DANS LE CLOITRE DE LA CATHÉDRALE A TARRAGONE.

N° 129.

Tarragone, en latin *Tarraco*, en espagnol *Tarragona*, est une de ces villes anciennes, historiques, puissantes et peuplées, dont le présent forme un contraste saisissant avec le passé et nous redit hautement que les villes bâties par les hommes ont eu leurs grandes révolutions comme le globe même qui les supporte.

On attribue la fondation de Tarragone soit à Hercule, soit à *Tarraco*, roi d'Égypte, venu en Espagne 730 ans avant Jésus-Christ. Ces fables prouvent seulement que l'origine de cette ville se perd dans la nuit des temps.

Lorsque les Romains abordèrent dans la Celtibérie, Tarragone était déjà la capitale des Causetains. Les deux premiers Scipions en firent leur séjour et leur place de guerre pendant la lutte contre les Carthaginois. Élevée par César, dont elle avait embrassé la cause, au rang de colonie romaine, sous le nom de *Julia* et de *Victrix*, cette ville parvint, au temps d'Auguste, à l'apogée de sa grandeur. Sous ce prince, Tarragone avait 34,190 toises de circonférence et 2,400,000 habitans, à ce que dit l'historien Antonio Agusta. Aujourd'hui, cette ville a moins de trois quarts de lieue de tour, et sa population ne s'élève pas à 10,000 ames.

Quelle douloureuse éloquence dans ces chiffres comparés!

Tarragone fut successivement assiégée, prise et détruite par toutes les nations qui foulèrent le sol de l'Espagne, et, en 1811 encore, elle fut prise par Suchet après une résistance désespérée.

Cette cité renferme encore des antiquités, vestiges de son ancienne puissance; ses murs, ancienne citadelle probablement, dont la base est formée de pierres cyclopéennes, sans ciment, comme à Palestrine, les restes d'un immense palais dit d'Auguste, d'un cirque, et d'un vaste amphithéâtre. Un aqueduc magnifique, dont la prise d'eau est à plus de 7 lieues de distance et dont la partie souterraine est heureusement conservée, amène encore à la cité moderne des ondes pures et bienfaisantes, grâce à la munificence de don Juan Ant. de Roveira, l'un de ses derniers prélats, dont je me fais un devoir de conserver ici le nom.

Par une exception, unique peut-être, en Espagne, même avec sa population de 10,000 individus, Tarragone n'a qu'une seule paroisse, et c'est l'église archiépiscopale dont le siége est un des plus anciens de la Péninsule, car il existait déjà sous le roi Wamba.

La cathédrale est un vaisseau à trois nefs de 170 pieds de long sur 127 de large: commencée à la fin du xıı° siècle, terminée au commencement du xv° et accotée d'une tour octogone, restée incomplète quoique beaucoup plus haute que l'arête extérieure du grand toit. Quoique le style général soit du premier et du deuxième ogival, cependant quelques parties appartiennent au style classique. On remarque dans cette église, ornée de beaux marbres de Catalogne, plusieurs tombeaux d'archevêques et les chapelles de Sainte-Cécile, Sainte-Thècle et du Saint-Sacrement.

Le cloître est fort beau, mais il n'est pas monostyle : le fragment reproduit dans cet ouvrage prouve l'élégance des Maures et le caractère de leurs constructions. La forme presque circulaire de l'archivolte, empruntée à celle du globe, l'encadrement gracieux des préceptes du Coran destinés à remplacer les ornemens tirés du règne animal proscrits par Mahomet, le mélange habile et la grâce des arabesques, tout intéresse dans ce monu-ment. Heureux encore le peuple qui, en passant sur la terre, y a déposé les vestiges de son bon goût et de sa civilisation.

ÉGLISE DU CHATEAU

A CHAMBÉRY.

N° 130.

Chambéry, capitale de la Savoie, et situé sur les petites rivières de *l'Albane* et de l'Aisse, est une ville de 13,000 habitans, entourée de paysages tantôt gracieux et tantôt grandioses, mais toujours d'un aspect pittoresque. La cité s'embellit chaque jour ; elle vient d'être percée d'une rue centrale, à arcades, grâce à la munificence du général de Boigne, fondateur, en outre, et bienfaiteur d'un hôpital. La municipalité reconnaissante vient d'ériger, en l'honneur de ce vertueux citoyen, une fontaine jaillissante dans laquelle on a réalisé le projet de l'éléphant, resté aride et modelé en plâtre à notre place de la Bastille.

Le château des ducs de Savoie, dont le jardin sert de promenade publique, a été incendié presque entièrement dans la nuit du 13 au 14 décembre 1798. La sainte chapelle, qui est conservée, a un chœur d'un gothique élégant ; mais la façade est un lourd placage du style dit classique. Le clocher, aujourd'hui abaissé jusqu'au toit, était surmonté autrefois d'une flèche fuselée qui dominait et décorait toute la ville.

On compte dans Chambéry la cathédrale, l'église des jésuites et celle des capucins. Mais aucun de ces édifices religieux n'est important. Les autres établissemens publics sont le collége, le théâtre, la bibliothèque et le musée. Je me suis empressé d'aller visiter les *Charmettes*, cachées tout près de la ville et de payer un tribut au souvenir de Rousseau, que l'on a nommé, non sans quelque raison, *le plus éloquent des fous*.

J'ai retrouvé avec plaisir sur l'un des murs de l'habitation une pierre blanche sur laquelle sont gravés les vers attribués à madame d'Epinay et que Hérault de Séchelles, commissaire de la Convention, y fit placer solennellement en 1792 :

> « Réduit par Jean-Jacques habité,
> « Tu me rappelles son génie,
> « Sa solitude, sa fierté,
> « Et ses malheurs et sa folie.
> « A la gloire, à la vérité,
> « Il osa consacrer sa vie,
> « Et fut toujours persécuté
> « Ou par lui-même ou par l'envie. »

DÉTAILS · DE NOTRE-DAME-DU-PORT

A CLERMONT-FERRAND.

N° 131.

D'après le catalogue des monumens connus et décrits jusqu'à ce jour dans la France, les églises byzantines me semblent devoir être rangées en deux grandes divisions, celles du midi et de l'ouest réunies et celles du centre. L'Auvergne présente aux archéologues les basiliques fort intéressantes de Brioude, Issoire, Clermont, Saint-Nectaire, Saint-Saturnin, etc. M. Malay, architecte, a rendu un véritable service aux amis des arts, en publiant un ouvrage remarquable sur les édifices byzantins de sa patrie. L'église de Notre-Dame-du-Port, dont j'ai déjà parlé, n° 88, fut fondée par Saint-Avit, 18e évêque d'Auvergne, de 571 à 594. Incendiée par les Normands en 840, elle fut rétablie par Saint-Sigon, 40e évêque, de 863 à 868, selon la *Gallia Christiana*. D'après l'opinion de M. Mérimée qui est la nôtre, l'édifice actuel doit dater de la fin du xıe siècle.

Dufrène, dans *l'Origine des églises*, nous apprend l'étymologie de cette dénomination singulière de *Notre-Dame-du-Port*.

« Saint-Avit fut enterré dans l'église du Port, qui s'appelle ainsi parce que, anciennement, « entre cette paroisse et le monastère de Chantoin, il y avait au devant de cette église, du « côté de l'orient et du septentrion, une place qu'on appelait le *PORT : quia erat juxta ag-* « *gerem, sive agrum publicum,* qui était le lieu du *port* de toutes les denrées, vivres et « marchandises nécessaires aux habitans. »

Notre-Dame-du-Port est en forme de croix, le chœur est entouré de quatre chapelles seulement, au lieu de cinq, comme d'usage, sans doute parce que le temple entier étant dédié à la *Vierge*, on n'a pas cru nécessaire de lui consacrer la chapelle absidale toujours construite sur l'axe de la nef.

Les colonnes, dont les chapiteaux intéressans reproduisent des végétaux, des animaux et des personnages sont élancées et les cintres affectent le renflement du fer à cheval. Ces cir-stances donnent à l'édifice une légèreté que n'ont pas les constructions byzantines de l'ouest et surtout du midi. Le dôme central, accompagné des deux semi-dômes, spéciaux au style de cette architecture, la crypte, le narthex, les portiques latéraux, les mosaïques et les reliefs extérieurs des absides, ses nouvelles verrières, de M. Thévenot, artiste distingué, le *Pinaigrier* de Clermont, méritent un examen approfondi.

L'église a, de longueur intérieure........... 46 m. 50 c.
——— de largeur, id................. 14 m.
La grande nef....................... 6 m. 70 c.
Les bas-côtés ont........................ 3 m.

La tempête révolutionnaire s'est aussi abattue sur cette église, son élégant clocher central a été renversé, ses ornemens ont été brisés, ses mosaïques détériorées et ses colonnes mutilées. On a rétabli avec assez de bonheur un campanile sur la façade, seulement la lanterne du haut forme un anachronisme; M. Mallay propose de réédifier l'ancienne pyramide en pierre. Puissent le préfet, l'évêque et le maire de Clermont, dont le zèle pour l'embellissement civil et religieux de la ville est bien apprécié, réunir leurs efforts et rendre la flèche byzantine à l'église veuve de cet élégant couronnement !

ÉPÉE

DE LA COLLECTION DE M. LE V^TE DE COURVAL.

N° 132.

CATHÉDRALE DE LYON.

N° 133.

Je ne ferai ici que les observations suggérées par la lithographie; j'ai déjà présenté dans le n° 93 la monographie de Lyon et de Saint-Jean.

La tour qui domine la montagne du fond est un belvédère bâti par une spéculation particulière et d'où la vue est admirable. A droite est la petite et vieille église de *Notre-Dame-de-Fourvières* toute remplie *d'ex-voto*. Toujours on promet une réédification en harmonie avec sa situation et l'importance de la cité qu'elle surplombe, et toujours l'antique fabrique, sans aucun intérêt monumental, reste debout et blesse les yeux !

La cathédrale est évidemment étouffée par les maisons qui se pressent autour d'elle, et, de plus, il n'y a rien de plus disgracieux que le pan coupé droit de la haute-nef si mal rattaché au décagone absidal. L'art offre mille moyens de racheter ce défaut, et même de le remplacer par une beauté. Il en serait de même, si l'on voulait élever les tours trapues et inachevées. Ce serait une dépense peu considérable et on recueillerait en noblesse architecturale et en richesse de perspective bien au delà de ce qu'on aurait semé !

DOME DE FLORENCE.

N° 134.

Je désirais donner l'histoire succincte et la description abrégée de la capitale de la Toscane (1). Mais les annales de Florence sont un magnifique et vaste sujet digne de la plume de M. de Sismondi. Cette ville est un immense musée civil, religieux, public et privé, d'architecture, de sculpture et de peinture. Comme pour Paris, Rome et Londres, l'espace me manque et je suis obligé d'abandonner mes travaux et mes recherches préliminaires.

Consacrons donc notre article à la célèbre cathédrale *Sainte-Marie-des-Fleurs ;* c'est déjà un monde artistique.

Déjà Pise avait vu s'élever le dôme et le baptistère ; Florence voulut imiter et surpasser même la ville rivale. Un décret, rendu par le sénat à la fin du xiiie siècle, ordonna, dans ces termes nobles et simples, l'érection d'un monument digne de la république :

« La haute sagesse d'un peuple d'illustre origine exige qu'il procède, dans son administra-
« tion, de manière à ce que la prudence et la grandeur de ses desseins éclatent dans les
« ouvrages qu'il fait exécuter. En conséquence, il est ordonné à Arnolfo, *Capo-Maestro* de
« la commune, de tracer un modèle pour la restauration de *Santa-Reparata,* d'une pompe
« et d'une magnificence telles que l'art et la puissance des hommes ne puissent rien imaginer
« de plus beau. Cette résolution est prise d'après la volonté arrêtée en conseil public et
« privé de n'entreprendre, pour la commune, aucun ouvrage dont l'exécution ne doive
« répondre à des sentimens d'autant plus grands et plus généreux, qu'ils sont le résultat
« des délibérations d'une assemblée de citoyens dont la détermination est unanime. »

Arnolfo-di-Sapo obéit au décret avec empressement, et la première pierre de la cathédrale fut posée en 1294 par le légat, le jour de la Nativité. L'architecte mourut en 1300, et l'ouvrage fut continué pendant cent soixante ans par ses successeurs. *Giotto* construisit le campanile en 1324, et, en 1421, *Brunelleschi* commença l'érection de la vaste coupole qui s'élève au centre du monument.

Sainte-Marie-des-Fleurs, nouveau nom du dôme, est entièrement revêtue et pavée de marbre de diverses couleurs, et forme, ainsi que la tour, une immense mosaïque intérieure et extérieure. La sévérité des lignes, le petit nombre des travées et des fenêtres, la hauteur du dôme et les jours rares dont il est éclairé, les colossales dimensions d'un monument dont la vue sut inspirer au *Bramante* et à *Michel-Ange* le temple et la coupole de Saint-Pierre, tout impose et saisit à la fois dans la cathédrale de Florence.

---

(1) Voyez le N° 105.

Voici ses principales dimensions, que j'ai toujours grand soin de donner lorsqu'elles sont certaines, afin que l'on sache si le monument appartient à *Lilliput* ou à *Brobdingnag*.

Longueur totale, à l'intérieur, est de................	457 pieds 4 pouces.
Largeur, dans la croisée, de.......................	313 pieds 6 pouces.
Largeur de la nef, bas-côtés compris...............	119 pieds 10 pouces.
Hauteur de la nef, sous clef.......................	143 pieds 6 pouces.
—— des bas-côtés...........................	90 pieds 8 pouces.

Cette église renferme une *Vierge* avec deux anges de Jean de Pise, de marbre blanc, les statues de saint *Jacques-Majeur* par Sansovino et de saint *Jacques-Mineur* par Jean dell'Opera, de saint *Jean-Baptiste* par Rovezzano, de saint *Marc* par l'Aretino, de saint *André* par Ferrucci et enfin du Poggio par Donatello.

On y trouve aussi les tombeaux des trois architectes qui ont élevé le monument, les mausolées de Marcile Ficin, de Pierre Farnèze, général de la république, la châsse de saint Zanobi ornée de bas-reliefs par Ghiberti, les portes de la sacristie des chanoines, divers tableaux, parmi lesquels le portrait du Dante, par un peintre presque tout contemporain et inconnu.

Le *Saint-Joseph* de Laurent Érédi, les peintures de la coupole, énormes personnages au nombre de plus de 300 et tirés pour la plupart de la *Divina Commedia*, le gnomon du dôme, les 88 colonnes en marbre du chœur, le maître-autel, le crucifix en bois, ouvrage très estimé, enfin la *Piété*, groupe inachevé de *Michel-Ange* et que le grand artiste destinait à décorer son tombeau.

La coupole de Sainte-Marie-des-Fleurs a un diamètre, dans le vif de son tambour, de 128 pieds 4 pouces; sa hauteur, de la corniche à l'œil de la lanterne, est de 125 pieds, et la hauteur totale, du pavé de l'église à la sommité de la croix, de 330 pieds.

Le campanile est un quadrangle régulier dont chaque face a 43 pieds; la hauteur totale est de 252 pieds. Un escalier de 406 marches conduit jusqu'à la plate-forme supérieure que Giotto avait l'intention de charger d'une pyramide d'environ 80 pieds de haut, restée dans son portefeuille après sa mort. Cette tour est si belle que Charles-Quint disait *qu'on devait la couvrir d'une toile qui ne serait enlevée qu'aux Dimanches et aux fêtes!*

Le baptistère, également revêtu de marbre, est près de la cathédrale : il est surtout célèbre par ses belles portes de bronze, chef-d'œuvre de d'Amni Pise et de Ghiberti. Michel-Ange assurait qu'elles méritaient d'être les portes du Paradis.

CLOITRE DE MONRÉALE,

EN SICILE.

N° 135.

Monréale est une petite cité de la Sicile assise à deux lieues environ de Palerme, sur la pente des monts qui l'environnent et d'où la vue s'étend sur l'admirable plaine nommée la

Conque d'or, la capitale du royaume, le mont Pellegrion, si pittoresque, et la mer dont les flots d'azur encadrent cette magnifique perspective. Les principaux édifices dus à l'architecture Normano-sicilienne, sont la cathédrale, la chapelle du palais, l'église de *la Martorana*, à Palerme, la cathédrale de Monréale, érigée en archevêché à la demande de son illustre fondateur, et celle de Céfalu.

La cathédrale de Monréale est une noble basilique commencée en 1174 par Guillaume II, le Henri IV de la Sicile, et rapidement terminée. Le pape Lucien III rendit à cet édifice une justice éclatante dans des termes qui nous ont été conservés par les historiens : *ut simile opus per aliquem regem factum non fuerit à diebus antiquis.* (Chronique de Ricardi de san Germano.)

La basilique de Monréale, précédée d'un portique flanqué de deux tours peu élevées, est, un peu en forme de croix latine. J'emploie cette expression, parce que la croisée n'est guères plus large que la nef, et que les deux chapelles semi-circulaires absidales s'ouvrent en dedans sur cette croisée même, tandis que le chœur a très peu de saillie. Cette disposition, reproduite en partie dans la cathédrale de Messine, et qui aurait besoin d'un plan géométrique pour être étudiée, me semble plus majestueuse et aussi appropriée au service du culte divin que l'église de Saint-Clément à Rome, dont la forme est empruntée aux anciens prétoires.

Je ne dirai que peu de mots de l'église de Monréale consacrée à la Vierge, je rappellerai seulement qu'elle est décorée de belles portes de bronze enrichies d'arabesques, de fresques tirées de la Bible et qui couvrent tous les murs, ornés de marbres et d'une superbe mosaïque, enfin d'un dôme couvert également de peintures et de tableaux inspirés par les livres saints. Au fond du chœur, et dans le tympan, pour ainsi dire, de l'abside, au dessous de la voûte, en face de l'entrée, on a placé la figure gigantesque à mi-corps de Jésus-Christ, d'après le type byzantin. *Le Sauveur*, la main gauche appuyée sur le Nouveau Testament et l'autre relevée, bénit le peuple en relevant les doigts à la manière du clergé grec. Autour de sa tête, on a placé deux inscriptions que je réunis : ιϲ χϲ ο παντοκρατωρ, Jésus-Christ *l'omnipuissant.* Sur les pages du livre ouvert sont écrites deux inscriptions, la première grecque et la seconde latine, qu'il suffit de rapporter ici : *Ego sum lux mundi, qui sequitur me non ambulat in tenebris.* On peut consulter le bel ouvrage de M. le duc de Serra di Falco dont j'ai déjà parlé, si l'on désire compléter cette notice; il est aussi riche en planches que complet pour le texte.

Le cloître qui fait le sujet de notre lithographie est près de la cathédrale et appartient au couvent de bénédictins fondé aussi par Guillaume-le-Bon. L'église de l'abbaye était, aussi, richement décorée de sculptures, antiquités précieuses, tableaux, marbres et mosaïques, mais elle a été privée d'une partie de ses ornemens par un violent incendie en 1811.

« Le cloître, dit M. Artaud, dans son excellente publication sur l'Italie, est formé de « portiques à jour liés par des ogives d'une courbe agréable, dont les retombées s'appuient sur des colonnes accouplées, au nombre de cent seize, toutes décorées de tor- « sades, de rosaces, de losanges d'un riche dessin, d'une variété étonnante, et incrustées « de pierres précieuses et de marbres rares. Les chapiteaux sont exécutés avec une recherche

« et un soin remarquables; ils se composent de têtes d'animaux, de fleurs, de fruits. Le
« cloître, séparé en plusieurs divisions par les élégans portiques, est orné de plusieurs fon-
« taines jaillissantes, dont les eaux argentées s'élancent dans l'air et retombent dans de belles
« vasques au milieu de groupes de fleurs et d'arbustes odoriférans. »

En lisant cette vive description, on se croit transporté dans la féerie du palais de Grenade
et des élégans châteaux des Abencerrages; cependant on est au milieu d'un couvent
habité par des moines austères et savans. C'est qu'en Italie, au moyen-âge, la religion était
ṛa mère des arts et la plus sublime des passions !

MAISON CONSTRUITE EN BOIS,
A CHARTRES.

N° 136.

Je donnerai un article général sur Chartres avec la planche qui reproduira sa célèbre
cathédrale. Le texte de la maison de bois du n° 136 est tout entier dans la lithographie.
Je n'ai pris la plume ici que pour signaler aux amis des constructions privées de nos pères
une fabrique en bois entièrement inconnue et d'un intérêt réel ; je veux parler d'une
maison située à Gallardon, petite ville peu éloignée de Chartres, et qui n'est pas explorée
parce qu'elle est hors du tracé des grandes routes. Il faut se hâter, si l'on veut conserver le
précieux souvenir du passé; car on parlait, lors de mon voyage, de vente et de démolition.....

PORTAIL DU NORD DE LA CATHÉDRALE,
A SENS.

N° 137.

Se reporter à l'article 94, iii° partie.

LIT EN BOIS SCULPTÉ,
DE LA COLLECTION DE M. LE V^TE DE COURVAL.

N° 138.

CATHÉDRALE DE ROUEN,
AVEC LA NOUVELLE FLÈCHE ABSIDE.

N° 139.

Saint Mellon (1) fonda une chapelle , dans les premiers siècles de l'ère chrétienne, dans

---

(1) Voir les N°s 98 et 99.

la ville de Rouen ; diverses églises occupèrent successivement cet emplacement jusqu'à l'archevêque Maurille, qui termina la première cathédrale en 1063 ; mais cet édifice fut consumé par la foudre en 1200. La cathédrale actuelle date de cette époque, et ne fut achevée que dans le xvie siècle.

La façade est majestueuse et d'une grande richesse de sculpture, bien que son effet soit diminué par la chute successive des quatre clochetons à jour qui la couronnaient. La tour du nord, ou de *Saint-Romain*, contient dans ses assises inférieures quelques restes à plein cintre des édifices antérieurs ; elle fut terminée en 1477. La tour du midi est connue sous le nom de tour d'*Amboise*, parce qu'elle fut construite par le cardinal de ce nom, ou celui de tour de *Beurre*, parce que les fidèles qui contribuèrent de leurs aumônes à son érection obtinrent des dispenses de carême. La première pierre fut posée en 1485, et la dernière en 1507. Elle a 230 pieds de haut, et renfermait, avant 93, la fameuse cloche dite George d'Amboise, qui pesait 36,000 livres.

Le portail et toute la façade entre les deux tours furent commencés en 1509 par la munificence du même prélat, et achevés en 1530. Je conserve soigneusement les dates, qui sont certaines, afin de donner des bases aux études archéologiques. Les portails latéraux, des Libraires et de la Calende, accompagnés tous les deux de tours basses à jour, sont de belles pages gothiques. Au milieu de l'église s'élevait la flèche en bois construite par Becquet en 1544, qui comptait 571 marches jusqu'à l'aiguille, et 396 pieds de haut. Elle a été détruite par la foudre le 15 septembre 1822.

L'intérieur de l'église est principalement du 2e ogival, et quelques faibles disparates ne suffisent pas, heureusement, pour enlever l'unité à l'ensemble. On remarque ses vitraux, les uns gothiques, les autres de renaissance ; l'orgue, les roses, le joli escalier du xve siècle, qui conduisait à la bibliothèque ; des stalles, des grilles, des statues de l'artiste Clodion, et enfin des tableaux estimés.

Voici les principales dimensions de cet édifice :

Longueur totale, y compris la chapelle de la Vierge....	408 pieds.
—— de la croisée...............................	164 pieds.
Longueur de la chapelle de la Vierge...................	98 pieds.
—— du chœur...............................	110 pieds.
—— de la nef...............................	210 pieds.
Largeur totale de l'église entre les deux murs...........	97 pieds 2 pouces.
Hauteur de la nef, sous voûte........................	84 pieds.
—— des collatéraux............................	42 pieds.

La lanterne, qui s'élève avec majesté à l'intersection des nefs, a 160 pieds sous clé de voûte. La magnifique flèche en fonte due au génie d'Alavoine, que les arts pleurent encore, pèsera 524,756 kil. de fonte, sera composée de 2,540 pièces de fer, de 12,879 boulons, et s'élancera dans les airs à 436 pieds ; 18 pouces de moins que l'aiguille de Strasbourg, et une vingtaine de pieds de moins que la grande pyramide d'Égypte. Je ne sais, c'est vanité nationale puérile peut-être, mais j'aurais exhaussé ma flèche : il était si facile de le faire, et de posséder en France le monument le plus élevé de l'univers !

TOMBEAU DE LOUIS DE BRÉZÉ,

INTÉRIEUR DE LA CATHÉDRALE DE ROUEN.

N° 140.

La cathédrale de Rouen possédait des richesses funéraires. Elle avait le cœur du sage Charles V, celui de Richard *Cœur-de-Lion*, le corps du duc de Bedford, etc. Elle renferme encore les restes de Rollon et de son fils Guillaume *Longue-Épée*, les tombeaux de Pierre de Brézé, des cardinaux d'Ambòise, d'Estouteville, Cambacérès, et enfin le monument de Louis de Brézé, objet de notre lithographie.

Le mausolée de ce grand-sénéchal de Normandie, mort en 1531, et dont la belle veuve, Diane de Poitiers, devint l'*amie* de Henri II, est un chef-d'œuvre attribué par les uns à Jean Cousin, par les autres à Jean Goujon : c'est, en deux mots, en faire l'éloge.

Ce monument, placé dans la chapelle de la *Vierge*, a 23 pieds de haut sur 10 de large. On admire surtout la statue couchée. Les quatre cariatides qui accompagnent la statue équestre sont : à gauche, la *Prudence* et la *Gloire*; à droite, la *Victoire* et la *Foi*. La statue placée à la tête de Louis de Brézé étendu sur le cercueil est *Diane de Poitiers*, et son pendant aux pieds est la nourrice du noble mort, que l'on a prise pour la Vierge, et qui, pendant longues années, a usurpé cierges et prières.

Plusieurs inscriptions assez longues retracent les vertus et les titres du défunt ; nous choisirons et citerons pour sa briéveté une seule épitaphe. C'est la duchesse de Valentinois qui parle.

HOC LODOICÆ TIBI POSUIT BREZÆE SEPULCHRUM
PICTONIS AMISSO MŒSTA DIANA VIRO.
INDIVULSA TIBI QUONDAM ET FIDELISSIMA CONJUX,
UT FUIT IN THALAMO, SIC ERIT IN TUMULO.

Traduction de M. Deville :

O Brézé, Diane de Poitiers, désolée de la perte de son époux, t'a élevé ce monument. Elle fut ta compagne inséparable, ton épouse très fidèle dans le lit conjugal; elle le le sera également dans le tombeau.

TOMBEAU DANS L'ÉGLISE D'ARUNDEL,

COMTÉ DE SUSSEX.

N° 141.

Arundel, petite ville d'Angleterre à vingt lieues de Londres, et qui tire son nom de la rivière d'*Arun*, peuplée d'environ trois mille habitans, est bâtie sur le penchant d'un coteau dont un château célèbre occupe la cime.

Si l'on en croit la tradition locale et la chronique de Gilpin, ce château fut bâti par *Bevis*, géant énorme, espèce de Gargantua breton. Si vous en doutez, on vous montre aussitôt un os de mammouth, cuisse du défunt, dit-on, et une tour baptisée aussi du nom de Bevis. Devant ces preuves, l'antiquaire s'incline, et l'histoire cède, comme de raison. Ce château fut donné, après la conquête, par Guillaume Ier à l'un de ses serviteurs, Roger de Montgommery, créé comte d'Arundel et de Shrewsbury. Il fut assiégé plusieurs fois, et presque ruiné dans les guerres du Long-Parlement contre Charles Ier. Mais, en 1786, il parvint, par succession, au duc de Norfolk, qui le fit restaurer entièrement dans son style primitif et militaire. Cette demeure féodale présente encore un ensemble imposant de tours, murailles, créneaux et mâchicoulis. On en jugera par la porte principale, qui a 180 pieds de haut, sur une largeur et des développemens proportionnés.

L'église paroissiale, dédiée à saint Nicolas, faisait partie originairement d'un prieuré de bénédictins qui relevait de l'abbaye de Séez, en Normandie. Cet ancien édifice collégial, fondé par le premier comte d'Arundel, tombait en ruines en 1380. Il fut reconstruit en totalité par Richard comte de Fitzallan, en forme de croix, avec une tour carrée surmontée, à l'intersection des nefs, d'une flèche en bois de peu d'élévation. L'église est gothique, monostyle, avantage plus commun dans la Grande-Bretagne qu'en France. Elle contient un pupitre en pierre très curieux, et, dans la sacristie et les chapelles, plusieurs monumens des seigneurs et de leurs officiers. Le tombeau qui est reproduit dans cet ouvrage est le mausolée en albâtre de Thomas Fitzallan, comte d'Arundel, et de Béatrice, sa femme, fille de Jean, roi de Portugal, enfans tous les deux de climats bien divers.

CATHÉDRALE DE CÉFALU.

N° 142.

L'église de Céfalu doit sa fondation à un vœu du roi Roger, qui, assailli par une effroyable tempête sur mer, se jeta à genoux sur le pont du vaisseau près de périr, et promit d'élever un temple au *Sauveur* au premier lieu où il aborderait. L'orage se calma subitement, et le monarque sicilien descendit sur la plage de Céfalu. Roger ordonna de construire la belle cathédrale qu'il dédia à *Dio Salvatore*, et dans laquelle il employa les colonnes d'un ancien édifice et les restes du vieux château qui avait commandé et défendu le rivage.

Ces détails historiques sont tirés d'un manuscrit authentique de l'année 1329, conservé dans le chapitre de la cathédrale de Céfalu.

La première pierre de cette basilique fut posée en 1131, comme le prouve un diplôme de Hugon, archevêque de Messine.

Le plan de cette église a beaucoup de rapports avec celui de Monréale : la disposition des portiques des nefs, de la semi-croix, des chapelles absydales, du chœur ; la forme du dôme, la richesse des marbres et des mosaïques, la figure gigantesque du Christ, les peintures bibliques; la forme des ogives, surhaussées, mais peu aiguës ; tout rappelle dans les deux édifices une origine commune, un âge presque égal, un fondateur royal, et des artistes du même goût et du même talent.

Je ferai seulement deux remarques spéciales : la porte d'entrée du temple, qui s'ouvre, dans notre lithographie, derrière les trois arcades du portique, est très-curieuse, archéologiquement. Elle est à plein cintre, et les ornemens romans ou normands en zigzags de l'archivolte la plus petite sont entourés d'arabesques et de rinceaux devenus successivement byzantins. Le fronton qui les recouvre est très-évasé et dans le genre de celui du portail de Saint-Gilles, en Provence. Ces zigzags se retrouvent dans les arcatures purement ogivales des deux étages supérieurs. L'extérieur du chœur et des deux chapelles de l'abside est fort intéressant aussi par le croisement des ogives, la disposition heureuse des créneaux transformés en ornemens religieux très gracieux, et la hauteur des piédestaux qui supportent les colonnettes. J'ai vu peu d'exemples de ce dernier agencement, et je n'en connais aucun d'un âge aussi reculé.

DÉTAILS DU CLOITRE D'ARLES.

N° 143.

J'ai donné la description générale d'Arles et du cloitre de Saint-Trophime, dans le n° 59. J'y renvoie le lecteur, et je crois inutile de faire remarquer la naïveté et le naturel biblique des figures byzantines groupées autour des pilastres, le genre et l'originalité des chapiteaux, un peu longs, cependant, qui soutiennent la retombée des arcs ; la pureté des sculptures de la frise et l'originalité des supports. Les artistes ont emprunté leurs ornemens à toutes les espèces du règne animal et du règne végétal. La présence de maître Aliboron est une allégorie qui personnifie la stupidité ; dans d'autres sujets, il est mieux traité, en souvenir de ce qu'il portait notre Sauveur lors de son entrée à Jérusalem. La charmante figure de la femme roulée sur elle-même est-elle aussi la représentation des baladines de l'époque, ou, au contraire, sa coiffure palestine indique-t-elle la religion juive insultée par cette position ridicule ? Ces deux hypothèses sont admissibles, d'après les mœurs du temps, où les ornemens de nos églises étaient le livre gigantesque, écrit sur pierre, des connaissances, des vertus, des vices et des préjugés de l'époque. C'est là qu'il faut surtout apprendre et méditer l'histoire de nos pères, dont les enfans, plus barbares encore que le temps, détruisent chaque jour quelque page !

FAUCHARD DES GARDES DU PAPE BORGHÈSE, ETC.,
COLLECTION DE M. LE Vte DE COURVAL.

N° 144.

St MORET,
Avocat à la cour royale.

Dôme de Côme.

Paris chez Veith et Hauser, Boul. des Italiens, 11

N° 108

Imp. de Lemercier, Bénard et C.ᵉ

Campo Santo.
à Pise
N° 41.

Dôme de Milan
(vue prise de la strade orientale.)

Paris, chez Veith et Hauser, boul. des Italiens, 11.

N.º III.

Imp. de Lemercier, Bénard et C.ie

S.ᵗ Ambroise
à Milan

N.º 112.

Paris chez Venturi Hauser, Bould. des Italiens, 11.

Imp. de Lemercier, Bénard et Cⁱᵉ.

Église de St François
à Assise.

Verreries Vénitiennes et Flamandes

de la Collection de M. Sauvageot.

Intérieur de la Cathédrale
à Cordoue.

Paris, chez Veith et Hauser, Bould des Italiens 11.

N° 115

Lith. de Benard

Dessiné d'après nature par Asselineau.

La tour penchée et l'Abside de la Cathédrale
à Pise.

N.º 116

S.t Giovani,
à Turin.

ITALIE XII.e SIÈCLE.

Chapuy del et lith.

Façade S.t Laurent,
à Gênes.

Paris, chez Veith et Hauser, boul.d des Italiens, 11.

N.o 118

Im. de Lemercier, Bernard et C.ie

S.ᵗ Gilles.

S.ᵗ Denis.

Détails des portes des Églises.

N° 119.

Paris, chez Veith et Hauser, boul. des Italiens, 11.

Imp. de Lemercier, Bénard et C.ⁱᵉ

Dess.ᵗ d'après nature par Asselineau.

Meuble de la collection du Musée du Louvre.

Intérieur de l'Église de Caudebec

Normandie

N° 121

Style de transition.

XII et XIII.ᵉ Siècle.

P. Benoist. del.

Andrews. Sc.

Cathédrale N. D. de Chartres.

N.º 122.

Imp. Lemercier-Bernard et C.ⁱᵉ

Dess. d'ap. nature par Girault de Prangey.

Lith. par Monthelier.

Paris, chez Veith et Hauser, Boul.ᵈ des Italiens, 11.

Imp. de Lemercier, Bénard et Cⁱᵉ.

Cathédrale d'Amiens.
(Côté nord Est.)

Colonnes et supports de la Cathédrale
de Bourges.

LE MOYEN AGE PITTORESQUE

FRANCE XIe SIÈCLE.

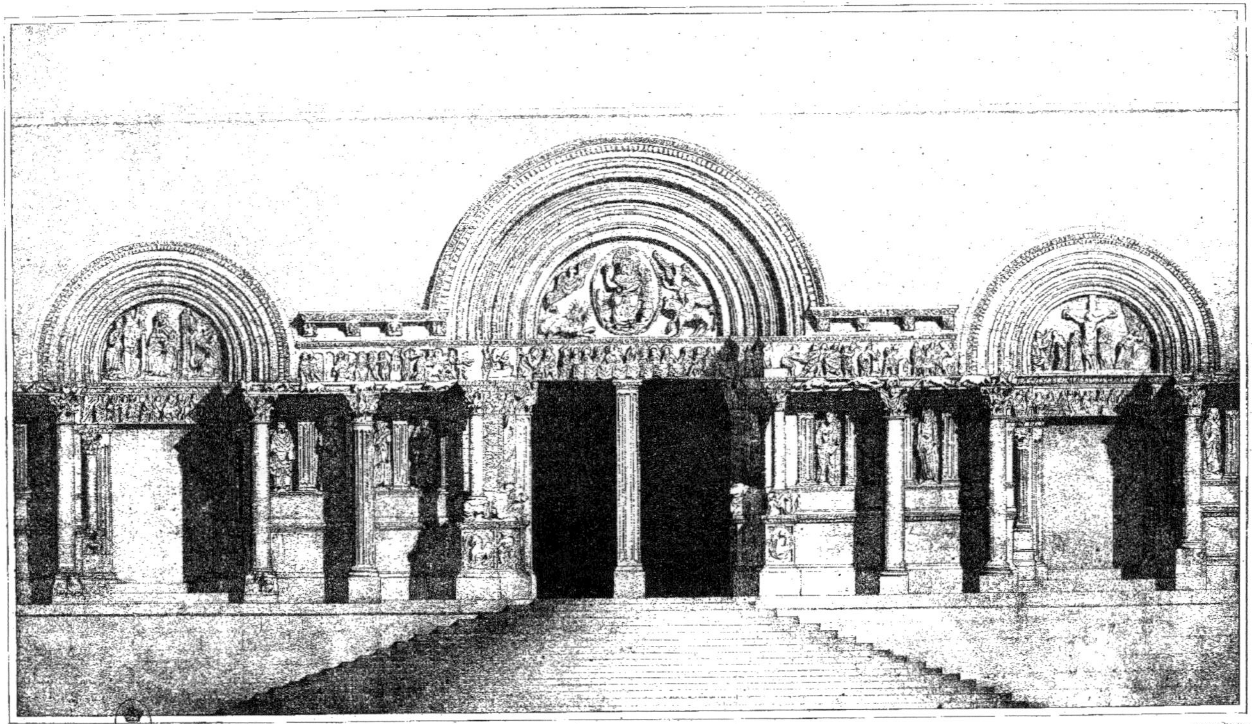

D'après nature par Chapuy. Lith. par Chapuy.

Portail de Saint Gilles.

N° 125.

Paris chez Veith et Hauser, boul.d des Italiens 11. Imp. de Lemercier, Bénard et Cie

Dessiné d'après nature par Hasselmeau.

Chez Verdot et Zorzei, boul.d des Italiens.

Imp. de Lemercier, Bénard et Cie.

Casque de Henri II
appartenant à Mr Hubert
Bouclier tiré du Musée d'Artillerie
N° 124

Cathédrale,

de Rheims.

N.º 127.

Paris, chez Veith et Hauser, boulevard des Italiens, 11.   Imp. de Lemercier Bénard et C.ie

Galerie de la cour de las Maricons

Alcazar de Séville.

Dessiné de Terez, et d'après nature.

Bachelier lith.

Fragment Mauresque,

dans le Cloître de la Cathédrale de Tarragonne.

Nº 109.

Paris, chez Veith et Hauser, Hôtel des Italiens, 1.

Imp. de Lemercier, Bénard et Cie

Église du Château
à Chambéry.

Détails de Notre Dame du Port
à Clermont.

Paris, chez Veith et Hauser, boul.t des Italiens, 11.   Imp. Lemercier, Benard et C.ie

Épée en forme de cinédenne, en fer ciselé, damasquiné en or et argent
de la Collection de M.r le Vicomte de Conreal.

Cathédrale de
Lyon

Dôme de Florence

Chez Veith et Hauser, boul.t des Italiens, u Paris.   N.º 134.   Imp. de Lemercier, Bernard et C.ie

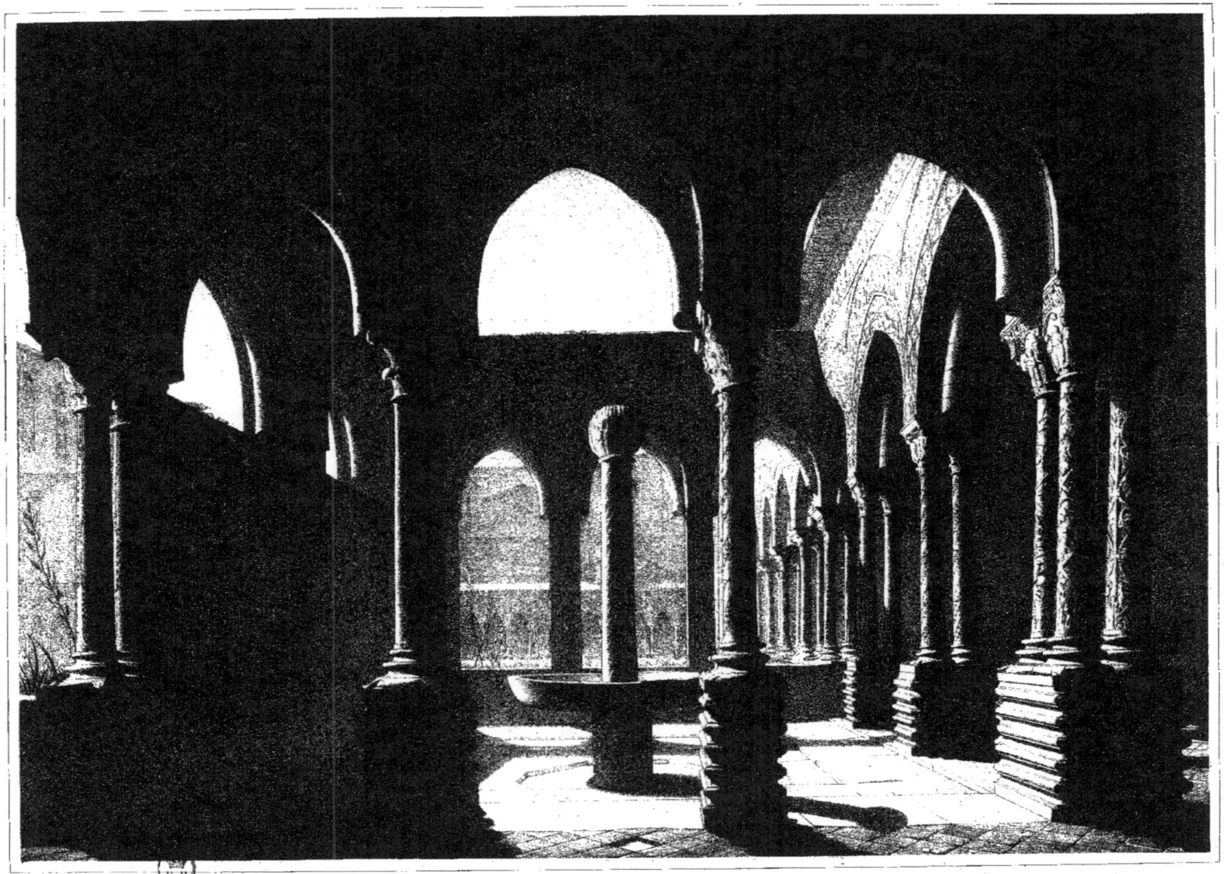

Dess. d'après nat. et lith. par Nicolle Architecte

Cloître de Monréale,
en Sicile.

N°135.

A Paris, chez Veith et Hauser, boul. des Italiens 11.
Imp. de Lemercier, Bénard et Cie

Maison construite en bois
à Chartres

N° 138.

Paris chez Veith et Hauser, bould des Italiens, 11.

Lith. par Jacottet.

Imp. de Lemercier, Bénard et Cie

Portail du nord de la Cathédrale
à Sens.

Dess. d'après nature par Asselineau.

Lit en bois de noyer sculpté
de la collection de M.r le V.te de Courval.

N.o 138.

Imp. de Lemercier, Benard et C.ie

Abside de la Cathédrale de Rouen.

Paris, publié par A. Hauser, boul.ᵈ des Italiens, 11

Nº 189.

Imp. Lemercier, Bénard et Cⁱᵉ

Tombeau de Louis de Brezé, sous Louis XII.
dans l'intérieur de la cathédrale de Rouen.

Tombeaux dans l'Église d'Arrundel
(Comté de Sussex.)

Nº 141.

Paris, chez Veith et Hauser, Boul. des Italiens, 11.

Imp. de Lemercier, Benard & Cie.

Cathédrale de Cefalu.

Paris chez Vrith et Hanon boul. des Italiens.

N° 142.

Imp. de Lemercier, Bénard et C.ie

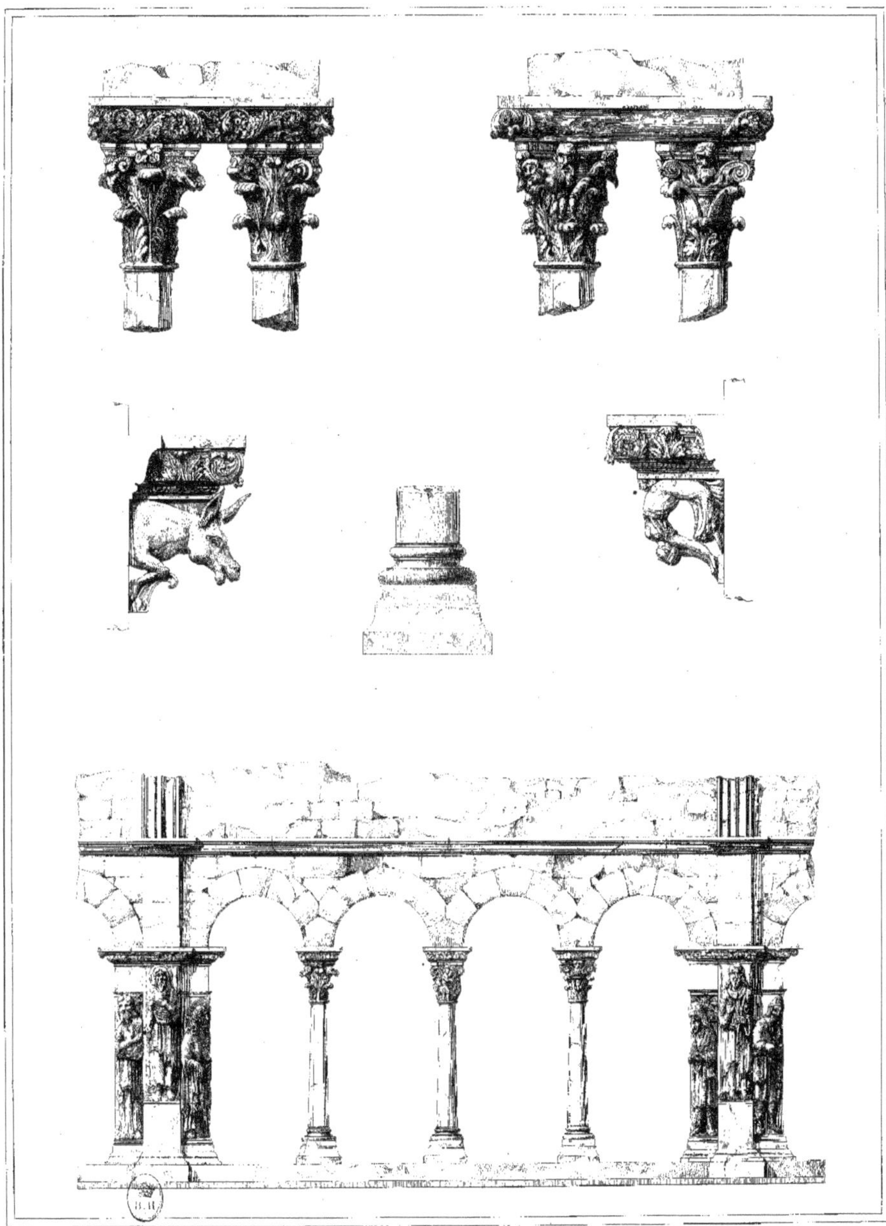

Détails du Cloître d'Arles.

Paris, chez Veith et Hauser, boul. des Italiens, 11.

N.º 143

Imp. de Lemercier, Bernard & Cⁱᵉ.

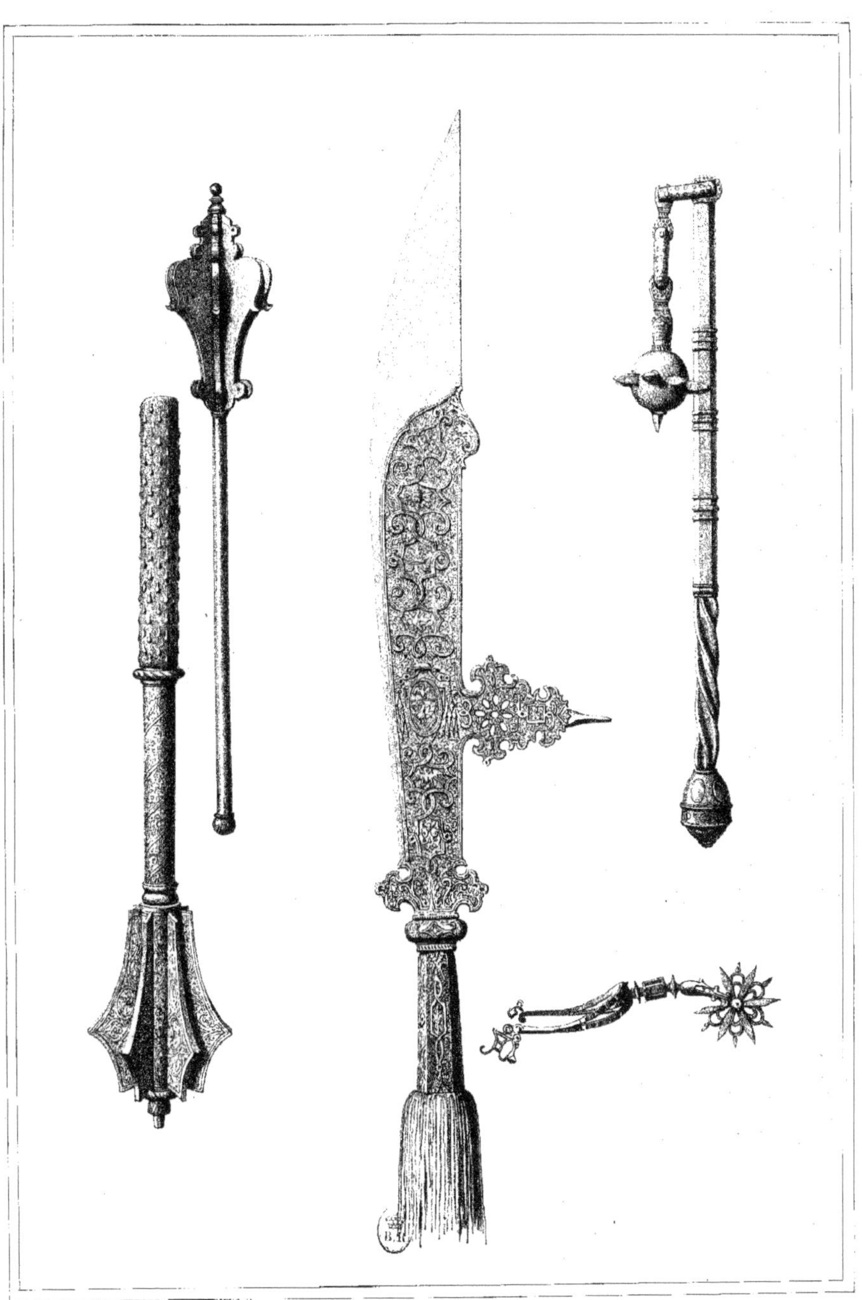

Fauchard des Gardes du Pape Borghèse, damasquiné en or et argent. — Masses d'armes et Éperon.

De la collection de M. le Vte de Courval.
N.° 144.

Paris chez Frith et Hauser, boul. des Italiens, 11.

Imp. de Lemercier, Bénard et Cie